Die besten Rezepte
aus der
DDR

Seite 12

Seite 2

Seite 93

Seite 5

Seite 72

Seite 1

Oda Tietz

Die besten Rezepte aus der DDR

Weltbild

Inhalt

Mit köstlichen Zutaten wie Fleisch, Speck, Käse, Gemüse, Reis oder Kartoffeln verwandelten sich schlichte Salate in leckere eigenständige Gerichte. Auf originelle Saucen wurde besonderer Wert gelegt. Häufig dabei waren vielerlei Gewürze, frische Kräuter und farbenfrohe essbare Blüten mit im Spiel.

Eintöpfe und Suppen waren beliebt und praktisch dazu, denn sie konnten auch von Berufstätigen gut vorbereitet werden. Außerdem machten sie satt und zufrieden. Man verfeinerte sie mit Würsten, Klößen, Eiern und Sahne. Sie schmeckten köstlich und wärmten Familie und Freunde vor allem in der kalten Jahreszeit.

Brägewurst, Knäzchen und Rostbrätel, Brathering und Knusperbroiler standen auf der Hitliste der leckeren Kleinigkeiten ganz oben. Neben der unvermeidlichen und allgegenwärtigen Bratwurst natürlich! Und stets wurde darauf geachtet, dass es zu Hause besser schmeckte als in der Gaststätte.

Fleisch spielte bei den Hauptgerichten eine große Rolle. Aber auch Fisch und vor allem Geflügel (z.B. Broiler) kredenzte man gern. Spitzenreiter in Topf und Pfanne war das Schwein – von ihm wurde (fast) alles zu deftigen Gerichten verarbeitet, vom Kopf bis zu den Füßen, natürlich inklusive der Innereien.

KARTOFFELN, GEMÜSE & KLÖSSE 76

Kartoffeln gab es immer. Sie waren ein beliebtes Probierobjekt. Gestampft oder geschnippelt, verfeinert mit Rotwurst, Quark, Braten und Birnen verwandelten sie sich in schmackhafte Gerichte. Saisongemüse und Kohl kamen ebenfalls regelmäßig auf den Tisch. Und ohne Klöße ging gar nichts! Kartoffelklöße in vielerlei Variationen adelten feine Braten in würziger Sauce.

SÜSSE SPEISEN 108

Süßes kam regelmäßig auf den Teller. Mehl, Zucker, Eier und etwas Butter oder Margarine hatte man meist zur Verfügung und zusammen mit ein bisschen Kompott oder Quark entstanden daraus Leckereien wie Muskräppelchen, Quarkkeulchen oder Plinsen. Da freuten sich nicht nur die Kinder!

BACKWERK 122

Backen machte Spaß und regte die Fantasie an. Egal, ob man sich für einen aromatischen Rührkuchen oder für Blechkuchen – verfeinert mit Früchten oder Nüssen – entschied, allesamt waren sie eine Freude für den Gaumen. Und dann gab es natürlich die Spezialitäten, die in aller Munde waren: Selterswasserkuchen, LPG-Kuchen, Bienenstich, Schneewittchenkuchen, Dresdner Stollen …

Die Rezepte vom Umschlag finden Sie auf den Seiten 26, 66, 117 und 45 (von links oben im Uhrzeigersinn).

Soljanka, Hoppelpoppel und Prasselkuchen

Ach, wie köstlich – in eine Bockwurst zu beißen, dass es nur so spritzte. Der Senf, der die Pelle zierte, spritzte mit. Um Hemd, Bluse, Mantel, Jacke vor Fettflecken zu schützen, beugten sich die Leute bei jedem Bissen weit vornüber, was sehr drollig aussah. Ein ähnliches Bild bot sich an den Bratwurstständen. Buden und Stände mit ihrem verführerischen Duft sind teilweise verschwunden – anderes ist entstanden. Aber die Würste sind geblieben, und die Lust auf Gaumenfreuden ist gewachsen. Unvergessen sind Köstlichkeiten wie Grillhähnchen, Würzfleisch, Jägerschnitzel, Soljanka, Letscho, Kohlrouladen, Wirsing- und Rotkohlwickel. Unzählige Kartoffelgerichte wie Hoppelpoppel, Dicker Hannes, Backhauskartoffeln, Schusterpfanne und natürlich Klöße mit leckerer Sauce und saftigem Braten wurden aufgetischt. Und wie gern hatte man die Hände im Teig! Auf die Kaffeetafel kamen Bienenstich, LPG-Kuchen, Prassel- und Marmorkuchen oder saftige Obstkuchen. Die Zeit der Lebensmittelkarten, der Rationierung war vergessen (oder verdrängt). Man wollte nach Herzenslust genießen. Die Frage »Was essen wir heute?« spielte eine große Rolle. Die DDR mit ihren 15 Bezirken hielt viele kulinarische Genüsse bereit: Würste (Brüh- und Kochwürste, Hart- und Dauerwürste) aus

In allen Regionen der DDR beliebt war deftige Hausmannskost wie das klassische Würzfleisch (→ Seite 46). Es wäre aber einseitig, die DDR-Küche darauf zu reduzieren.

Thüringen; Gemüse (Blumenkohl, Weißkohl, Gurken, Bohnen, Speisezwiebeln) aus dem Raum um Erfurt. Wein und Sekt aus dem Saale-Unstrut-Gebiet, Käse und Würstchen (Halberstädter Würstchen) aus dem Harz. Spreewaldgurken, Kartoffeln, Bier und eine Fülle süßen Backwerks kamen aus Sachsen, Beelitzer Spargel, Teltower Rübchen, Leinöl, Obstwein aus Brandenburg, Hering und Aal aus Mecklenburg. Schade nur, dass einige der Erzeugnisse nicht für alle DDR-Bürger reichten. Zwar waren Nahrungsmittel des täglichen Bedarfs (Mehl, Zucker, Milch, Brot und Backwaren, Fleisch, einiges an Obst und Gemüse, Likör, Schnaps und Bier) vorhanden, aber mitunter von mäßiger Qualität (wenig schmackhafte Konserven wurden Ladenhüter) – Delikatessen jedoch entwickelten sich zu Waren unter dem Ladentisch (Südfrüchte, edles Fleisch, Schinken, bestimmte Biersorten). Der DDR-Bürger arrangierte sich, und weil Mangel erfinderisch macht, gedieh das Vitamin B (Beziehung), blühte der Tauschhandel, oder es wurde »umgerubelt« (Geld schwarz getauscht). Und man war zu Verkäuferinnen besonders freundlich und großzügig. Natürlich hatte jeder Haushalt seine eigenen Einkaufsgewohnheiten, Lieblingsrezepte, Küchengeheimnisse, Erlebnisse. Auch das eigene Traditionsbewusstsein, das in Familien gewachsen war, lebte fort. Man war neugierig, erfinderisch, probierfreudig und geschickt. Kochen und Backen machte Spaß. Mit Interesse wurden Publikationen vom *Verlag für die Frau* zum Thema Essen und Trinken gelesen und studiert, Fernsehsendungen verfolgt, in denen die Fernsehköche Kurt Dummer und Rudolf Kroboth Anregungen zum Ausprobieren und Experimentieren gaben. Einfallsreichtum und Durchhaltevermögen im Küchenalltag haben die DDR-Bürger gestählt. Die dabei entstandene Kochkunst bleibt unvergessen, sie wird an Freunde, Verwandte, Kinder, Enkel und Urenkel weitergegeben. Möge jedes Rezept gelingen! Und wer immer noch gern in eine Bockwurst oder Bratwurst beißt – soll es tun. Ach, wie köstlich! Viel Freude beim Nachkochen der folgenden Rezepte. Guten Appetit!

Auch zuckrige Spezialitäten wie die Süße Krummpuckelsuppe (→ Seite 31) und vielfältiges Backwerk waren für Genuss und Lebensfreude unverzichtbar.

SALATE

Salate waren sehr beliebt. Der Jahreszeit entsprechend kamen Blattsalat, Blumenkohl-, Rüben-, Rotkohl-, Sellerie-, Spargelsalat auf den Tisch. Vor allem bei Saucen ließ man Sorgfalt walten, denn sie sind es ja bekanntlich, die Salaten den letzten Pfiff geben. Keine schmeckte wie die andere, der Küchenfantasie waren keine Grenzen gesetzt. Man griff zu selbst hergestellten Essigsorten, die nach Himbeeren, Minze oder Zitrone schmeckten, denn wie bei vielen anderen Speisen wollte man neben Abwechslung auch das Besondere.

Erfurter Puffbohnensalat

Für 4 Portionen

- 500 g Puffbohnen
- Salz
- 2 Zwiebeln
- 4 EL Öl
- 4 EL Weinessig
- Pfeffer
- ½ TL Zucker
- 1 Ei
- 125 g Sülzwurst
- 1 EL gehackte Petersilie

1 Die Puffbohnen in einem Topf mit Salzwasser bedecken und kurz aufkochen. Das Wasser abgießen, die Bohnen mit frischem Wasser übergießen und bei kleiner Hitze in 20 Minuten weich kochen. Abgießen, die Bohnen kalt abspülen, abtropfen lassen, in eine Salatschüssel füllen.

2 Die Zwiebeln schälen, in kleine Würfel schneiden, unter die Puffbohnen mischen. Öl, Essig, Salz, Pfeffer und Zucker verrühren, über die Bohnen gießen, zugedeckt 2 Stunden ziehen lassen.

3 Das Ei hart kochen, pellen und in kleine Würfel schneiden. Die Wurst der Länge nach in schmale Streifen schneiden. Ei und Wurst auf dem Salat anrichten. Mit Petersilie bestreuen.

Gemüsesalat

Für 4 Portionen *Siehe Foto Seite 8*

- 500 g ausgepalte frische Erbsen
- 2 Zwiebeln
- Salz
- 250 g gegarter Broiler (Brathähnchen)
- 3 EL Essig
- Pfeffer
- 4 EL Öl
- 1 TL Zucker
- 4 EL geröstete Semmelbrösel
- 4 EL gehackte Kräuter (Dill, Petersilie, Kresse)

1 Die Erbsen in einen Topf geben. Die Zwiebeln schälen, fein hacken und zu den Erbsen geben. Beides in wenig Salzwasser 3 Minuten sprudelnd kochen, danach abgießen, die Gemüsebrühe in einem Gefäß aufheben.

2 Das Hähnchenfleisch in dünne Streifen schneiden. Aus Essig, Salz, Pfeffer, 4 Esslöffel abgekühlter Gemüsebrühe, Öl und Zucker eine Sauce zubereiten.

3 Das Gemüse und das Fleisch vermischen, die Sauce zufügen, alles 30 Minuten gut durchziehen lassen. Den Salat in eine Schüssel füllen, vor dem Servieren Semmelbrösel und Kräuter darüberstreuen.

Eiersalat

100 g durchwachsener Speck
250 g Joghurt
1 EL Senf
2 EL Zitronensaft
½ TL Zucker
Salz
Pfeffer
8 Eier
1 Handvoll Brunnenkresse

Für 4 Portionen

1 Den Speck in kleine Würfel schneiden und kross ausbraten.

2 Den Joghurt mit Senf und Zitronensaft verrühren. Zucker, Salz und Pfeffer unterrühren.

3 Die Eier 10 Minuten kochen und pellen. Die geschälten Eier in ½ Zentimeter dicke Scheiben schneiden und diese in eine Salatschüssel schichten. Anschließend die vorbereitete Sauce über den Eiern verteilen, Speckwürfel aufstreuen.

4 Die Brunnenkresse waschen, abtropfen lassen, Blätter abzupfen und mit einem scharfen Messer zerkleinern. Auf dem Salat anrichten. Dunkles Brot dazu reichen.

Möhrensalat

500 g Möhren
4 EL Zitronensaft
2 EL Zucker
2 EL gehackte Nüsse
2 EL Öl
1 Prise Salz

Für 4 Portionen

1 Die Möhren putzen, waschen, raspeln und die Raspel in eine Salatschüssel geben.

2 Zitronensaft, Zucker, Nüsse, Öl und Salz verrühren und unter die geraspelten Möhren mischen.

Süßer Kopfsalat

1 grüner Kopfsalat
4 EL Öl
4 EL Zitronensaft
1 Prise Salz
2 EL Zucker

Für 4 Portionen

1 Die Salatblätter waschen, in mundgerechte Stücke teilen und in eine Schüssel geben.

2 Öl, Zitronensaft und Salz verrühren und über die Salatblätter geben. Zucker daraufstreuen. Sofort servieren.

Sauerkrautsalat

Für 4 Portionen *Siehe Foto oben*

1 Das Sauerkraut abtropfen lassen und grob hacken. Die Äpfel schälen und raspeln, das Kerngehäuse dabei entfernen. Die Apfelmasse mit Zitronensaft marinieren.

2 Die Zwiebel schälen, in kleine Würfel schneiden, mit den Äpfeln zum Sauerkraut geben. Zucker daraufstreuen und alles vermischen.

3 Den Speck in kleine Würfel schneiden, in einer Pfanne kross braten, über den Salat geben. Die Petersilie auf den Speck streuen.

4 Die Paprika halbieren, entkernen, waschen. Mit kleinen Förmchen Blüten oder Herzen ausstechen oder mit einem Messer herausschneiden. Den Salat damit garnieren.

- 400 g Sauerkraut
- 2 Äpfel
- 2 EL Zitronensaft
- 1 kleine Zwiebel
- ½ TL Zucker
- 125 g Speck
- 1 EL gehackte Petersilie
- 1 rote Paprika

Erfurter Blumenkohlsalat

1 Blumenkohl
Salz
2 hart gekochte Eier
4 EL gehackte Kräuter (Petersilie, Schnittlauch)
100 ml Weinessig
4 EL Öl
½ TL Zucker
Pfeffer

Für 4 Portionen *Siehe Foto unten*

1 Die Blumenkohlröschen vom Strunk lösen, waschen und in Salzwasser bissfest kochen. Herausnehmen und abtropfen lassen, in eine Salatschüssel geben.

2 Die Eier pellen und nach dem Schälen mit einem Messer oder Eierschneider in etwa ½ Zentimeter breite Würfel schneiden.

3 Die gehackten Kräuter mit Essig, Öl, Zucker, Salz und Pfeffer verrühren und gleichmäßig über den Blumenkohlröschen verteilen. Die Eiwürfel darübergeben.

Harzer Tatar

Für 4 Portionen

- 400 g Harzer Käse
- 2 Zwiebeln
- 125 g Butter
- 2 EL Senf
- 2 TL edelsüßes Paprikapulver
- 3 Eigelb
- 5 EL saure Sahne
- ½ Bund Schnittlauch

1 Den Harzer Käse fein hacken. Die Zwiebeln schälen, ebenfalls fein hacken und mit dem Käse gründlich vermischen.

2 Butter, Senf, Paprikapulver, Eigelb und Sahne verrühren und mit der Käsemasse vermengen. Alles 30 Minuten ziehen lassen.

3 Schnittlauch waschen, trocknen und zerkleinern. Die Schnittlauchröllchen auf den Harzer Tatar streuen. Dunkles Brot dazu reichen.

Broilersalat

Für 4 Portionen

- 1 gebratener Broiler (Hähnchen)
- ⅛ l Joghurt
- 3 EL Mayonnaise
- Salz
- Pfeffer
- ½ TL Zucker
- 200 g gekochter Reis
- 2 Äpfel
- 2 Apfelsinen
- 2 EL gehackte Walnusskerne

1 Das Broilerfleisch in mundgerechte Stücke schneiden.

2 Joghurt und Mayonnaise in eine Schüssel geben und verrühren. Mit Salz, Pfeffer und Zucker würzen. Den Reis untermischen.

3 Die Äpfel schälen, in Viertel, dann in kleine Würfel schneiden, dabei das Kernhaus entfernen. Die Apfelsinen schälen, in Spalten teilen, in kleine Stücke schneiden, dabei die Kerne und die weiße Haut entfernen.

4 Äpfel und Apfelsinen unter die Reismischung mengen. Walnüsse zum Schluss auf den Salat streuen.

Nicht lange haltbar Walnüsse besitzen einen hohen Ölgehalt und sind deshalb nur 2 bis 3 Monate haltbar. Geschälte und luftdicht verpackte Walnüsse halten sich allerdings bis zu einem halben Jahr. Da sie auch mit Schale leicht fremde Gerüche annehmen, sollte man sie unbedingt getrennt von anderen Lebensmitteln lagern.

Rübensalat

- 500 g Rote Bete
- 2 Äpfel
- 100 g grob gehackte Walnüsse
- 1 Knoblauchzehe
- 4 EL Zitronensaft
- Salz
- 2 TL Zucker
- 4 EL Öl
- 1–2 EL gehackter Dill

Für 4 Portionen *Siehe Foto Seite 15*

1 Rote Bete und die Äpfel schälen, reiben und in eine Schüssel füllen.

2 Die Walnüsse und die durchgepresste Knoblauchzehe zufügen.

3 Zitronensaft, Salz, Zucker und Öl vermischen und untermischen.

4 Den gut durchgemischten Salat nach Belieben mit gehacktem Dill bestreuen.

Was es immer gab Äpfel gab es das ganze Jahr über. Beim Gemüse waren Möhren und der Weiß- und Rotkohl fast immer zu bekommen.

Bockwurstsalat

- 4 Bockwürste
- 2 Bund Radieschen
- 100 g Salatgurke
- 1 Tomate
- 1 EL gehackte Zwiebel
- 3 EL Öl
- 3 EL Weinessig
- Salz, Pfeffer
- Glutal
- 2 EL gehackter Schnittlauch

Für 4 Portionen

1 Die Bockwürste in Scheiben schneiden. Radieschen, grüne Gurke und Tomate putzen, waschen und ebenfalls in Scheiben schneiden und mit der Zwiebel in eine Schüssel geben.

2 Öl, Essig, Salz, Pfeffer und Glutal verrühren und untermischen. 1 Stunde durchziehen lassen.

Geschmacksverstärker Glutal war ein beliebter Geschmacksverstärker (Mono-Natrium-Glutamat) und hatte die Eigenschaft, den Geschmack bei Fleisch-, Fisch- oder Gemüsegerichten deutlich hervorzuheben. Es ist über spezialisierte Internethändler (→ Seite 141) nach wie vor problemlos erhältlich.

Feiner Selleriesalat

- 500 g Sellerie
- Salz
- 4 Scheiben Ananas (Dose)
- 1 TL Schale von 1 unbehandelten Zitrone
- Saft von 2 Zitronen
- Pfeffer
- 1 TL Zucker
- 8 EL Öl
- 1 Handvoll Minzeblättchen
- 3 Äpfel
- 100 g Altenburger Ziegenkäse
- 125 g Quark
- 125 g halbierte, geröstete Walnüsse
- Frisch gepflückte, ungespritzte Kapuzinerkresseblüten nach Belieben

Für 4 Portionen *Siehe Foto Seite 17*

1 Den Sellerie schälen, erst in Viertel, dann in dünne Scheiben schneiden und in Salzwasser blanchieren. Die Ananasscheiben klein schneiden.

2 Zitronenschale und -saft, Pfeffer, Salz, Zucker und Öl verrühren. Die Marinade mit dem Kraut vermischen, Nüsse daraufstreuen.

3 Die Äpfel schälen, in Viertel, dann in Spalten schneiden, dabei das Kernhaus entfernen. Sellerie, Äpfel und Ananas vermischen, die Marinade darüber geben und 15 Minuten ziehen lassen.

4 Den Ziegenkäse mit einer Gabel zerdrücken und mit dem Quark vermischen. Diese Käsemischung in Flöckchen über den Salat streuen.

5 Den Salat auf einer runden Platte anrichten. Mit den restlichen Minzeblättchen und den Walnüssen garnieren und mit Kapuzinerkresseblüten dekorieren.

Ein Hauch Exotik Ananasscheiben veredelten nicht nur Salate, man vermählte sie mit anderem Obst, mit Geflügel und Fisch. Vor allem als Tortenbelag waren sie beliebt.

Rotkohlsalat

- 1 kleiner Rotkohl
- 2 EL Johannisbeerkonfitüre
- 4 EL Zitronensaft
- 3 EL Öl
- Salz
- Pfeffer
- 2 EL gehackte Nüsse

Für 4 Portionen

1 Den Rotkohl gründlich waschen. Anschließend den Strunk entfernen und die Rotkohlblätter in sehr feine Streifen schneiden.

2 Konfitüre, Zitronensaft, Öl, Salz und Pfeffer verrühren. Marinade mit Kraut vermischen, Nüsse daraufstreuen.

Nudelsalat

Für 4 Portionen

- 250 g Makkaroni
- 100 g Salami
- 100 g Jagdwurst
- 100 g gegarter Sellerie
- 100 g Paprikaschote
- 2 EL Mayonnaise
- 100 g Joghurt
- 1 EL Schlagsahne
- 4 EL gehackte Kräuter (Petersilie, Schnittlauch, Dill)
- Salz, Pfeffer

1 Die Nudeln nach Packungsvorschrift kochen, eiskalt abschrecken und im Sieb abtropfen lassen.

2 Makkaroninudeln in etwa 2 Zentimeter lange Stücke schneiden und in eine große Salatschüssel füllen.

3 Wurst und Gemüse in kleine Würfel schneiden und dazugeben.

4 Mayonnaise, Joghurt, Sahne und Kräuter verrühren, mit Salz und Pfeffer würzen und über die Nudeln gießen. Alles vermischen.

Spargelsalat

- 500 g weißer Spargel
- 1 TL Zucker
- Salz
- 125 g saure Sahne
- 1 EL Schlagsahne
- 4 EL Weinessig
- 2 EL gehackte Kräuter (Kerbel, Petersilie)
- Pfeffer
- 4 Scheiben Ananas (Dose)
- 125 g Krabben
- 1 TL Butter

Für 4 Portionen *Siehe Foto Seite 19*

1 Die Spargelstangen schälen und mit dem Zucker in einen Topf geben. Salzwasser zugießen, zum Kochen bringen und zugedeckt 15 Minuten garen.

2 Den Spargel herausnehmen, in eiskaltem Wasser abschrecken, gründlich abtropfen lassen und in 3 Zentimeter lange Stücke schneiden. Saure Sahne, Schlagsahne, Essig, Kräuter, Salz und Pfeffer verrühren.

3 Die Ananasscheiben in Stücke schneiden und mit den Spargelstücken zur Salatsauce geben. Krabben kurz in heißer Butter schwenken und über den Salat streuen.

Greußener Kartoffel-Speck-Salat

- 1 kg Kartoffeln
- 150 g Möhren
- 150 g gepalte frische Erbsen
- 300 g Schinkenspeck
- 4 EL Weinessig
- 3 EL Weißwein
- ½ TL Salz
- Pfeffer
- 2 Eier
- 2 Zwiebeln
- 2 Tomaten

Für 4 Portionen

1 Die Kartoffeln in der Schale kochen, pellen, auskühlen lassen und in Scheiben schneiden.

2 Die Möhren putzen, in kleine Würfel schneiden und mit den Erbsen in wenig Salzwasser 5 Minuten garen. Abgießen.

3 Den Speck in kleine Würfel schneiden und kross ausbraten. Speckwürfel, Erbsen, Möhren, Essig, Weißwein, Salz und Pfeffer mit den Kartoffelscheiben vermischen. Als »Berg« auf einer Platte anrichten.

4 Die Eier hart kochen, pellen und in Scheiben schneiden. Die Zwiebeln schälen, in Ringe schneiden. Die Tomaten waschen und in Scheiben schneiden.

5 Den Kartoffelberg mit Zwiebelringen, Ei- und Tomatenscheiben garnieren. Bratwürste dazu reichen.

SUPPEN

Die Suppenvielfalt reicht von der beliebten Kartoffelsuppe über Zwiebel-, Leberwurst-, Frühlings-, Bohnen-, Tomaten-, Bier- und Schlachtesuppe bis zur sorbischen Hochzeitssuppe und (natürlich) Soljanka. Allesamt sind sie würzig und aromatisch – aber nicht immer kalorische Leichtgewichte. Häufig ist Sahne mit von der Partie. Auch süße Suppen sind beliebt – und ein besonderer Küchenrenner ist die Holunderbeerensuppe mit dem Sahneklecks.

Soljanka

Für 4 Portionen *Siehe Foto Seite 20*

200 g Wurst (Schinken, Salami, Jagdwurst) 400g
200 g gegartes Fleisch (Rind, Hammel) 500g
2 Zwiebeln
2 saure Gurken 5
4 EL Öl 10
2 EL Tomatenmark 5
50 g Kapern 100g
1 l Fleischbrühe 1,5
Salz, Pfeffer
Saft von 1 Zitrone
4 EL saure Sahne 10
4 Zitronenscheiben von 1 unbehandelten Zitrone

1 Wurst und Fleisch in kleine Würfel schneiden. Die Zwiebeln schälen und in Scheiben schneiden. Die Gurken in kleine Würfel schneiden.

2 In einem Topf das Öl erhitzen, die Zwiebelscheiben zugeben, glasig werden lassen, Wurst und Fleisch zufügen und anschwitzen. Tomatenmark, Gurken und Kapern unterrühren.

3 Die Fleischbrühe angießen. Kurz aufkochen. Mit Salz, Pfeffer und Zitronensaft abschmecken.

4 Die fertige Soljanka in 4 Suppentassen füllen.

5 Auf jede Suppenportion obenauf einen Klecks saure Sahne und eine Zitronenscheibe geben.

Braunkohleintopf

Für 4 Portionen

1 kg Braunkohl (Grünkohl)
Salz
2 Zwiebeln
750 g Schweinefleisch
50 g Margarine
Pfeffer
4 Birnen
750 g Kartoffeln
2 Eier
50 g Butter

1 Grünkohl von den Stängeln streifen und waschen. In kochendem Salzwasser 2 Minuten blanchieren. Abgießen, grob hacken.

2 Zwiebeln schälen, hacken. Fleisch mundgerecht schneiden. Margarine erhitzen, die Hälfte der Zwiebeln hineingeben und andünsten. Den Grünkohl und 1 Liter Wasser, Salz, Pfeffer zugeben, 40 Minuten garen. Birnen schälen, vierteln, zum Kohl geben, alles 10 Minuten dünsten.

3 Die Kartoffeln schälen, waschen, grob reiben, in ein Küchentuch wickeln, den Saft ausdrücken. Die Kartoffelmasse mit der restlichen Zwiebel vermischen, Eier und Salz zugeben und untermischen. Den Backofen auf 180 °C (Gas Stufe 2, Umluft 160 °C) vorheizen.

4 Grünkohl in eine feuerfeste Form füllen, die Kartoffelmasse darüber verteilen, Butter in Flöckchen obenauf setzen. 30 Minuten überbacken.

Kartoffelsuppe mit Bockwurst

- 500 g Kartoffeln
- 1 Bund Wurzelwerk
- ½ TL Kümmel
- Salz
- 1 ¼ l Fleischbrühe
- 4 Bockwürste
- 40 g Speck
- ½ Bund Petersilie

Für 4 Portionen

Siehe Foto unten

1 Die Kartoffeln schälen und in grobe Stücke schneiden. Das Wurzelwerk putzen und grob zerkleinern.

2 Kartoffeln und Wurzelwerk in einen Topf geben, Kümmel und Salz zufügen, die Brühe angießen, alles zum Kochen bringen, danach zugedeckt auf kleiner Flamme etwa 15 Minuten garen.

3 Die Suppe pürieren. Die Würste in die Suppe geben. Nach dem Zugeben der Würste die Suppe nochmals kurz erhitzen, anschließend vom Herd nehmen.

4 Den Speck in kleine Würfel schneiden, in einer Pfanne kross braten. Petersilie fein hacken, mit dem Speck zur Suppe geben.

Weimarer Zwiebelsuppe

Für 4 Portionen

- 300 g Zwiebeln
- 1 Stange Lauch
- 80 g Butter
- 1 Apfel
- 1 l Fleischbrühe
- 1/8 l helles Bier
- Salz
- Pfeffer
- 1/2 TL Majoran
- 1/2 TL Zucker
- 100 g Reibekäse
- 2 EL Schnittlauchröllchen

1 Die Zwiebeln schälen und in Ringe schneiden. Den Lauch putzen und ebenfalls in Ringe schneiden.

2 Die Butter in einem Topf erhitzen, Zwiebeln und Lauch hineingeben und anschwitzen. Den Apfel schälen, entkernen, reiben, zur Zwiebelmasse geben. Brühe und Bier angießen. Mit Salz, Pfeffer, Majoran und Zucker würzen. 15 Minuten köcheln lassen.

3 Die Zwiebelsuppe auf 4 Tellern verteilen, Reibekäse und Schnittlauchröllchen daraufstreuen. Schwarzbrot dazu reichen.

Harzer Runx-Munx

Für 4 Portionen

- 2 Zwiebeln
- 2 Knoblauchzehen
- 2 Stangen Lauch
- 50 g Margarine
- 1 1/4 l Fleischbrühe
- 500 g Weißkohl
- 400 g Steckrüben
- 2 Möhren
- 750 g Schweinekamm ohne Knochen
- 1 EL gerebelter Majoran
- 5 Kartoffeln
- 2 Birnen
- 150 g grobe Mettwurst

1 Zwiebeln und Knoblauchzehen schälen und hacken. Lauch putzen und in Ringe schneiden. Zwiebeln und Lauch in Margarine andünsten. Die Brühe angießen.

2 Den Weißkohl, die Steckrüben und die Möhren putzen und zerkleinern. Fleisch mundgerecht schneiden, zusammen mit dem Weißkohl, den Steckrüben und den Möhren in die Brühe geben. Knoblauch und Majoran zufügen. Bei geschlossenem Deckel 45 Minuten köcheln lassen.

3 Die Kartoffeln schälen und in Würfel schneiden. Kartoffeln zur Brühe geben und alles 10 Minuten garen.

4 Die Birnen schälen, in Stücke schneiden, dabei das Kernhaus entfernen. Die Birnen in den Topf geben und alles zusammen weitere 5 Minuten garen.

5 Dann die Mettwurst in mundgerechte Stücke schneiden und zum Runx-Munx geben. Wenn sich die Wurst erwärmt hat, servieren.

Thüringer Schnippelsuppe

- 1 Stange Lauch
- 200 g Möhren
- 100 g Sellerie
- 1 kleiner Kohlrabi
- 1 Zwiebel
- 6 mittelgroße Kartoffeln
- 1 Bund frischer Majoran
- 1 EL Butter
- 1 ¼ l Fleischbrühe
- Salz
- Pfeffer
- 150 g durchwachsener Speck

Für 4 Portionen *Siehe Foto Seite 25*

1 Lauch, Möhren und Sellerie putzen, waschen und in kleine Stücke schnippeln. Den Kohlrabi und die Zwiebel schälen und in kleine Würfel schneiden. Die Kartoffeln schälen und ebenfalls in Würfel schneiden. Den Majoran waschen und mit einem Messer fein schneiden.

2 In einem Topf die Butter zerlassen, die Zwiebelwürfel darin glasig dünsten. Lauch, Möhren, Sellerie, Kohlrabi und Kartoffeln zufügen, alles kurz andünsten, die Fleischbrühe angießen. Den Majoran zugeben, mit Salz und Pfeffer würzen, zum Kochen bringen und 15 Minuten köcheln lassen.

3 Inzwischen den Speck in kleine Würfel schneiden und in einer Pfanne kross ausbraten. Vor dem Servieren mit dem Bratfett zur Suppe geben.

Thüringer Leberwurstsuppe

- 300 g Roggenbrot
- 400 g grobe Leberwurst
- 2 Zwiebeln
- 1 Stange Lauch
- 50 g Sellerie
- 1 Möhre
- 50 g Butter
- 1 ¼ l Fleischbrühe
- Salz
- Pfeffer
- 1 EL Majoran

Für 4 Portionen

1 Das Brot in Würfel schneiden. Von der Leberwurst die Pelle entfernen. Die Zwiebeln schälen und in Ringe schneiden. Den Lauch waschen und in sehr feine Streifen schneiden. Den Sellerie und die Möhre putzen und zerkleinern.

2 In einem Topf die Butter erhitzen, das Gemüse zufügen und anschwitzen. Die Brotwürfel, die Leberwurst und die gesamte Brühe zugeben, mit Salz, Pfeffer und Majoran würzen, erhitzen. Alles zusammen 20 Minuten köcheln lassen. Dabei ab und zu umrühren.

3 Wenn die Suppe fertig ist, wird sie mit Nordhäuser Doppelkorn und Bier stilecht serviert.

Schlachtesuppe mit Schnapphütes

Für 4 Portionen

- 200 g Gehacktes vom Schwein
- Salz, Pfeffer
- 1 Zwiebel
- 1 Knoblauchzehe
- 1 Ei
- 200 g Thüringer Kartoffelkloßteig (→ Seite 105)
- 1 1/2 l Fleischbrühe
- 100 g Thüringer Rotwurst (Blutwurst)
- 50 g grobe Leberwurst
- 50 g Sülzwurst
- Etwas getrockneter Majoran und Thymian

1 Das Gehackte in einer Schüssel mit Salz und Pfeffer würzen. Die Zwiebel und die Knoblauchzehe schälen und fein schneiden, mit dem Ei unter das Fleisch mischen. Den Kloßteig zufügen, alles verkneten.

2 Die Fleischbrühe erhitzen. Aus der Fleischmasse kirschgroße Klößchen formen, 15 Minuten in der siedenden Brühe ziehen lassen.

3 Blut-, Leber- und Sülzwurst in kleine Würfel schneiden, zur Brühe geben und 5 Minuten mit ziehen lassen. Mit Majoran und Thymian abschmecken und sofort servieren.

Happen schnappen Schnapphütes heißen in Thüringen kleine Kartoffelklößchen, weil man sie mit einem einzigen Happen in den Mund »schnappen« kann.

Russischer Hammeltopf »Kislye Schtschi«

- 500 g Hammelfleisch
- 500 g Sauerkraut
- 1 EL Tomatenmark
- 1 Bund Wurzelwerk
- 1 Zwiebel
- 50 g Margarine
- 1 Lorbeerblatt
- 2 EL Mehl
- Salz
- Pfeffer
- 3 Knoblauchzehen
- 1 Bund gehackte Petersilie
- 4 EL saure Sahne

Für 4 Portionen *Siehe Foto Seite 27*

1 Fleisch waschen, in einem Topf mit Wasser bedecken, aufkochen, danach 90 Minuten köcheln lassen.

2 Das Sauerkraut abtropfen lassen, grob zerkleinern, in einen zweiten Topf füllen. Tomatenmark und 1/8 Liter Wasser zufügen, zugedeckt 15 Minuten garen.

3 Das Wurzelwerk putzen, die Zwiebel schälen, alles klein schneiden. In einer Pfanne die Margarine erhitzen, Wurzelwerk und Zwiebel hineingeben und 5 Minuten dünsten. Das Fleisch aus der Brühe nehmen und in mundgerechte Stücke schneiden. Warm stellen.

4 Das gedünstete Gemüse, das Sauerkraut und das Lorbeerblatt in die Brühe geben und 20 Minuten ziehen lassen. Mehl in wenig Wasser glatt rühren, die Suppe damit binden, mit Salz und Pfeffer würzen. Die Knoblauchzehen auspressen, mit der Petersilie zur Suppe geben.

5 Die Fleischstücke auf 4 Tellern verteilen, die Suppe darübergeben, mit saurer Sahne und Petersilie garnieren.

Bouillonkartoffeln

- 1 Zwiebel
- 50 g Margarine
- 1 Bund Wurzelwerk
- 1 l Fleischbrühe
- 1 kg Kartoffeln
- Salz, Pfeffer
- 1 TL gerebelter Majoran
- 1 Prise Muskatnuss
- 1 Bund Petersilie

Für 4 Portionen

1 Die Zwiebel schälen und fein hacken. Die Margarine erhitzen, die Zwiebel darin glasig dünsten. Das Wurzelwerk putzen, zerkleinern, zur Zwiebel geben. Die Fleischbrühe angießen und zum Kochen bringen.

2 Die Kartoffeln schälen, waschen, in nicht zu kleine Stücke schneiden und zur Brühe geben. Mit Salz, Pfeffer, Majoran und Muskat würzen, 20 Minuten garen. Petersilie hacken. Vor dem Servieren die Petersilie aufstreuen.

Kaninchensuppe mit Käse

- 1 küchenfertiges Kaninchen
- 1 Bund Wurzelwerk
- 50 g Margarine
- 2 EL Mehl
- 1 Lorbeerblatt
- Thymian
- Salz, Pfeffer
- 4 Wacholderbeeren
- 4 EL Schlagsahne
- 3 EL Weinbrand
- 100 g Reibekäse

Für 4 Portionen

1 Kaninchen waschen, abtrocknen, in 8 Stücke teilen. Das Wurzelwerk putzen und grob zerkleinern. In einem Topf die Margarine erhitzen, die Kaninchenstücke hineingeben und ringsum anbraten. Das Wurzelwerk zufügen, alles 5 Minuten dünsten.

2 Das Mehl über Fleisch und Gemüse stäuben. 1 ¼ Liter Wasser angießen. Lorbeerblatt, Thymian, Salz, Pfeffer und zerdrückte Wacholderbeeren zugeben, alles zum Kochen bringen und zugedeckt eine Stunde köcheln lassen.

3 Die Fleischstücke und das Lorbeerblatt aus dem Topf nehmen. Die Knochen entfernen, das Fleisch in mundgerechte Stücke schneiden und wieder zur Suppe geben. Sahne und Weinbrand einrühren. Die Suppe auf vier Teller verteilen und mit Käse bestreuen.

Vogtländische Schwammespalken

- 1 kg frische Mischpilze
- 2 kleine Zwiebeln
- 125 g durchwachsener Speck
- 2 EL Öl
- Salz, Pfeffer
- ½ TL Thymian
- 1 TL gemahlener Kümmel
- 1 EL Mehl
- 1 ¼ l Fleischbrühe
- 500 g Kartoffeln
- 2 EL Weinessig
- 1 EL Zucker
- 2 EL gehackte Petersilie

Für 4 Portionen

1 Die Pilze putzen und klein schneiden. Die Zwiebeln schälen und fein hacken. Den Speck in kleine Würfel schneiden. Öl und Speckwürfel in einen Suppentopf geben und erhitzen. Pilze und Zwiebeln zufügen und darin andünsten. Gewürze zugeben, das Mehl darüberstäuben. Heiße Fleischbrühe angießen. Bei milder Hitze 30 Minuten garen.

2 Die Kartoffeln schälen, in Spalken (Stücke) schneiden und zur Suppe geben. Weitere 20 Minuten garen. Mit Weinessig und Zucker süßsauer abschmecken. Petersilie aufstreuen.

Fischsoljanka

Für 4 Portionen *Siehe Foto unten*

- 3 mittelgroße Zwiebeln
- 4 EL Öl, 5 EL Tomatenmark
- 1 l Fischbrühe
- 500 g Fischfilet
- Salz, Pfeffer
- ½ TL Zucker
- 4 saure Gurken
- 1 EL Kapern
- ½ Bund gehackte Petersilie
- 4 EL saure Sahne
- 4 Zitronenscheiben

1 Die Zwiebeln schälen und fein hacken. In einem Topf das Öl erhitzen, die Zwiebeln zufügen und goldgelb rösten. Tomatenmark einrühren, die heiße Brühe angießen. Die gesamte Mischung 5 Minuten köcheln lassen.

2 Das Fischfilet in mundgerechte Stücke schneiden, zur Brühe geben und 10 Minuten garen. Mit Salz, Pfeffer und Zucker würzen.

3 Die Gurken in kleine Würfel schneiden. Die Gurkenwürfel zusammen mit den Kapern in 4 Suppentassen füllen, die Brühe aufgießen. Anschließend mit Petersilie, Sahne und Zitronenscheibe garnieren.

Hagebuttensuppe

- 1 kg Hagebutten
- 1 TL abgeriebene Zitronenschale
- 1 Päckchen Vanillezucker
- 5 EL Zucker
- 2 EL Stärkemehl (Weizenin)
- 2 Eigelb
- 4 Eiweiß

Für 4 Portionen *Siehe Foto unten*

1 Die Hagebutten putzen, entkernen und $1\frac{1}{2}$ Liter Wasser zum Kochen bringen. Zitronenschale und Vanillezucker zugeben, alles bei geschlossenem Deckel 90 Minuten köcheln lassen. Durch ein feines Sieb geben.

2 Unter die Suppe 4 Esslöffel Zucker rühren. Das Stärkemehl in etwas kaltem Wasser anrühren und die Suppe damit binden. Etwas auskühlen lassen, dann die Eigelbe einrühren.

3 Das Eiweiß steif schlagen und zuckern. Wasser zum Kochen bringen. Von der Eischneemasse mit einem Teelöffel Klößchen abstechen und in siedendem Wasser 3 Minuten schwimmen lassen. Die Suppe auf Teller verteilen und die Eischneeklößchen daraufsetzen.

Süße Krummpuckelsuppe

Für 4 Portionen

- 1 Päckchen Schokoladenpuddingpulver
- 4 EL Zucker
- 1 l Milch
- Salz
- 4 Mundbrötchen
- 100 g Butter

1 Das Puddingpulver mit dem Zucker in etwas kalter Milch glatt rühren. Die restliche Milch zum Kochen bringen, das angerührte Puddingpulver einrühren, eine Prise Salz zufügen, alles kurz aufwallen lassen. Vom Herd nehmen.

2 Die Mundbrötchen waagerecht durchschneiden. In einer Pfanne 70 Gramm Butter zerlassen. Die oberen Hälften der Brötchen mit der Schnittfläche nach unten hineingeben und rösten.

3 Die gerösteten Mundbrötchen mit der Wölbung (das sind die »Puckel«) nach oben auf Tellern anrichten und mit der Schokoladensuppe übergießen. Die restlichen Mundbrötchenhälften mit der restlichen Butter bestreichen und dazu reichen.

Saure Bieben

Für 4 Portionen

- 1 kg Kuttelfleck (Kutteln, Pansen, Euter)
- Salz
- 1 Bund Wurzelwerk
- 1 Zwiebel
- 1 Knoblauchzehe
- 100 g durchwachsener Speck
- 1 Lorbeerblatt
- 1 EL gehackte Petersilie
- 1 TL Majoran
- 1 EL Butter
- 2 EL Mehl
- 3 EL Essig
- 1 EL Zucker
- Pfeffer
- 2–3 Gewürzgurken

1 Das Fleisch zuerst in heißem, dann in kaltem Wasser waschen. Mit 2 Liter Salzwasser zum Kochen bringen.

2 Das Wurzelwerk putzen, waschen und grob zerkleinern. Zwiebel und Knoblauchzehe schälen und fein hacken. Den Speck in kleine Würfel schneiden. Wurzelwerk, Zwiebel, Knoblauch, Speck, Lorbeerblatt, Petersilie und Majoran zum Fleisch geben und 3 bis 4 Stunden garen.

3 Das noch bissfeste Fleisch herausnehmen und in mundgerechte Stücke schneiden. Die Brühe durch ein Sieb geben. Die Butter erhitzen, das Mehl darin bräunen, unter Rühren $3/4$ Liter Brühe aufgießen und 3 Minuten kochen.

4 Kuttelflecke zugeben. Mit Essig, Zucker und Pfeffer süßsauer abschmecken. Zum Schluss die Gurken klein schneiden und unterrühren.

Holunderbeerensuppe

- 750 g Holunderbeeren
- 2 EL Zucker
- 1 EL Stärkemehl (Weizenin)
- 4 EL Schlehenlikör
- 1/8 l Schlagsahne

Für 4 Portionen

1 Die Holunderbeeren waschen, mit einer Gabel von den Stielen streifen und in 1/4 Liter Wasser 10 Minuten garen. Durch ein Sieb streichen. Den Holundersaft mit dem Zucker wieder erhitzen.

2 Das Stärkemehl in wenig kaltem Wasser verquirlen und zur Suppe geben. Aufkochen lassen. Schlehenlikör einrühren. Auf Suppentellern verteilen, in die Mitte jeweils etwas Schlagsahne geben und verrühren.

Sorbische Hochzeitssuppe

Suppe:
- 1 Möhre
- 100 g Sellerieknolle
- 1 Zwiebel
- 50 g Schweineschmalz
- 1 kleiner Blumenkohl
- 1 1/4 l Fleischbrühe
- Salz
- 50 g Suppennudeln (Sternchen)

Leberklößchen:
- 200 g Leber
- 1 Ei
- 1 Prise Muskat
- Salz, Pfeffer
- 2 EL Semmelbrösel

Eierstich:
- 2 Eier
- 2 EL süße Sahne
- 1 EL Butter
- Salz

Für 4 Portionen *Siehe Foto Seite 33*

1 Für die Suppe die Möhre und den Sellerie putzen und zerkleinern. Die Zwiebel schälen und fein schneiden. In einem Topf das Schmalz erhitzen, das Gemüse hineingeben, 10 Minuten garen, vom Herd nehmen.

2 Den Blumenkohl putzen, in Röschen teilen, waschen und gesondert in Salzwasser 10 Minuten garen, abgießen, kalt abschrecken.

3 Leber durch den Fleischwolf geben, mit Ei, Muskat, Salz, Pfeffer und Semmelbröseln vermischen. 1 Stunde kalt stellen. Mit den Händen kirschgroße Klößchen formen.

4 Für den Eierstich die Eier mit der Sahne und zerlassener, abgekühlter Butter verquirlen, durch ein Sieb geben und salzen. In eine Tasse füllen und über heißem Wasserbad zum Stocken bringen. Auskühlen lassen.

5 Die Fleischbrühe erhitzen, Suppennudeln und Leberklößchen hineingeben. Kurz aufwallen lassen und bei geringer Hitze 15 Minuten köcheln lassen. Das Sellerie-Möhren-Gemisch und die Blumenkohlröschen zugeben. Zuletzt den mit einem Teelöffel abgestochenen Eierstich zufügen. Die Suppe auf vorgewärmten Tellern verteilen.

Oberlausitzer Bohnensuppe

Für 4 Portionen

- 400 g Kartoffeln
- 500 g grüne Bohnen
- Bohnenkraut
- 1 l Fleischbrühe
- 125 g durchwachsener Speck
- 1 Zwiebel
- Salz, Pfeffer
- 2 EL saure Sahne
- 2 EL gehackte Petersilie

1 Die Kartoffeln schälen und grob zerkleinern. Die Bohnen putzen und in Stücke schneiden. Kartoffeln, Bohnen und Bohnenkraut in einen Topf geben, die Brühe angießen. Alles zum Kochen bringen und bei geringer Hitze 25 Minuten garen.

2 Dann die Suppe pürieren. Den Speck in kleine Würfel schneiden. Die Zwiebel schälen und fein schneiden. Speck und Zwiebel anrösten und zur Suppe geben. Mit Salz und Pfeffer abschmecken, die saure Sahne einrühren, Petersilie aufstreuen.

Gräupchen

- 500 g Rindfleisch mit Knochen
- 1 Bund Wurzelwerk
- 2 Zwiebeln
- 100 g getrocknete Pilze
- Salz
- 1 EL Majoran
- 5 zerdrückte Pfefferkörner
- 200 g Graupen
- 1 EL Butter
- 4 EL gehackte Petersilie

Für 4 Portionen *Siehe Foto Seite 35*

1 Die ausgelösten Knochen in 1 ¼ l kaltem Wasser ansetzen und 30 Minuten kochen lassen. Das Wurzelwerk putzen, die Zwiebeln schälen, alles grob zerkleinern. Die Pilze in Wasser einweichen.

2 Fleisch, Salz, Gemüse, die Pilze mit dem Einweichwasser und die Gewürze zur Brühe geben und weitere 30 Minuten kochen. Die Knochen herausnehmen und die Graupen einstreuen. Weitere 45 Minuten garen.

3 Die Butter einrühren. Das Fleisch herausnehmen, in mundgerechte Stücke schneiden und wieder in die Suppe legen. Mit Petersilie bestreuen.

Bornaer Zwiebelsuppe

- 500 g Zwiebeln
- 1 ¼ l Fleischbrühe
- 1 TL Kümmel
- Salz
- Pfeffer
- 100 g Butter
- 1 EL Mehl
- 3 Eigelb
- 2 EL Schlagsahne
- 2 EL Schnittlauchröllchen
- 4 Scheiben Schwarzbrot
- 1 TL getrockneter Majoran

Für 4 Portionen

1 Die Zwiebeln pellen und in dicke Scheiben schneiden. Die Brühe zum Kochen bringen. Zwiebeln, Kümmel, Salz und Pfeffer zugeben.

2 Die gesamte Mischung kurz aufwallen lassen und danach 10 Minuten bei leichter Hitze garen. Durch ein Sieb streichen.

3 Die Hälfte der Butter in einen Topf geben und zerlassen. Das Mehl zugeben und hellbraun rösten. Unter ständigem Rühren die Zwiebelsuppe zugießen. Kurz aufkochen lassen und vom Herd nehmen.

4 Das Eigelb mit der Sahne verquirlen und mit den Schnittlauchröllchen zur Suppe geben. Die Schwarzbrotscheiben teilen.

5 In einer Pfanne die restliche Butter erhitzen, die Schwarzbrothälften hineingeben und auf beiden Seiten anrösten. Die angerösteten Brothälften heiß mit Majoran bestreuen und zur Suppe reichen.

Sondershäuser Sauerkrautsuppe

Für 4 Portionen

- 1 Zwiebel
- 400 g Sauerkraut
- 50 g Schweineschmalz
- 1 TL Mehl
- 1 l Fleischbrühe
- 1 Lorbeerblatt
- 2 Wacholderbeeren
- 4 Pfefferkörner
- 3 Kartoffeln
- 1 TL Paprika edelsüß
- Salz
- ½ TL Zucker
- 2 EL Zitronensaft
- 125 g saure Sahne
- 4 Bratwürste

1 Die Zwiebel schälen und fein hacken. Das Sauerkraut abtropfen lassen und fein schneiden. In einem Topf das Schmalz erhitzen, die Zwiebel hineingeben, kurz andünsten, das Mehl einrühren.

2 Nach und nach die Brühe angießen, gut verrühren, dann das Sauerkraut, Lorbeerblatt, die zerdrückten Wacholderbeeren und die zerdrückten Pfefferkörner unterrühren. Die Kartoffeln schälen, grob zerkleinern und zugeben. Zugedeckt 20 Minuten garen.

3 Mit Paprikapulver, Salz, Zucker und Zitronensaft abschmecken und mit der sauren Sahne verfeinern. Warm stellen.

4 Die Bratwürste in Scheiben schneiden. In einer Pfanne das Öl erhitzen, die Wurstscheiben auf beiden Seiten knusprig braten. Mit Bratwurstscheiben servieren.

Fischsuppe

- 250 g Kartoffeln
- 3 Möhren
- 1 Stange Lauch
- ½ Bund Wurzelwerk
- 2 Zwiebeln
- 50 g Butter oder Margarine
- ¼ l Weißwein
- Salz, Pfeffer
- 500 g Fischfilet
- ½ Bund gehackte Petersilie

Für 4 Portionen *Siehe Foto Seite 37*

1 Die Kartoffeln schälen und in kleine Würfel schneiden. Das Gemüse putzen und klein schneiden. Die Zwiebeln schälen und fein hacken. Die Butter erhitzen, die Zwiebeln zufügen und glasig dünsten. Kartoffeln und Gemüse zufügen, 5 Minuten mitdünsten. Den Weißwein und 1 Liter Wasser angießen, mit Salz und Pfeffer würzen. 15 Minuten garen.

2 Das Fischfilet säubern, in mundgerechte Stücke schneiden und salzen. Die Fischstücke in die Suppe geben und 10 Minuten darin ziehen lassen. Zum Schluss die Petersilie zugeben.

Frühlingssuppe

- 1 Bund Wurzelwerk
- Salz
- 1 kg Suppenfleisch
- 1 Kohlrabi
- 250 g Möhren
- 200 g Spargel
- 1 kleiner Blumenkohl
- 250 g frische Erbsenschoten
- 120 g Butter
- 2 EL gehackte Petersilie

Für 4 Portionen

1 Das Wurzelwerk putzen, waschen und grob zerkleinern. 1¼ Liter Salzwasser zum Kochen bringen, Wurzelwerk und Fleisch 2 Stunden köcheln lassen.

2 Kohlrabi, Möhren und Spargel putzen und zerkleinern. Den Blumenkohl in Röschen teilen, die Erbsen auspalen. Jedes Gemüse getrennt in etwas leicht gesalzenem Wasser bissfest garen. Zu Kohlrabi, Möhren, Spargel und Erbsen jeweils etwas Butter geben (1 Esslöffel davon aufheben). Beiseite stellen.

3 Das gekochte Suppenfleisch und das Wurzelwerk aus der Brühe nehmen. Das Fleisch in Würfel schneiden, das Wurzelwerk zerdrücken und wieder zur Suppe geben. Kohlrabi, Möhren, Spargel und Erbsen mit dem Gemüsewasser und die abgetropften Blumenkohlröschen ebenfalls zur Suppe geben. Nochmals kurz erhitzen und den Topf vom Herd nehmen.

4 Die restliche Butter hineinrühren und die Suppe auf vorgewärmten Tellern mit Petersilie anrichten.

Rote-Bete-Suppe

Für 4 Portionen

- 2 Semmeln
- 50 g Butter
- 750 g Rote Bete
- 3/4 l Brühe
- Salz
- Pfeffer
- 4 EL Essig
- 200 ml Schlagsahne
- 1/2 Bund gehackte Petersilie

1 Die Semmeln in kleine Würfel schneiden. In einer Pfanne die Butter erhitzen, die Semmelwürfel hineingeben und goldgelb braten.

2 Die Rote Bete schälen, in kleine Stücke schneiden und in der Brühe 30 Minuten garen. Danach pürieren und mit Salz und Pfeffer würzen. Essig und die Hälfte der Sahne unterrühren.

3 Die Suppe nochmals erhitzen, danach auf Teller verteilen. In die Mitte jeweils etwas von der restlichen Sahne geben. Petersilie und Semmelwürfel gleichmäßig aufstreuen.

Leipziger Biersuppe

- 125 g Zucker
- 1 Stück Zimtrinde
- 125 g Semmelbrösel
- 1 l Pilsner
- ¼ l Apfelwein
- ⅛ l Schlagsahne
- Einige geröstete Weißbrotwürfel

Für 4 Portionen *Siehe Foto unten*

1 Den Zucker und die Zimtrinde in einem Viertelliter Wasser 5 Minuten köcheln. Die Zimtrinde entfernen, die Semmelbrösel einrühren. Bier und Apfelwein angießen. Erhitzen, aber nicht kochen lassen.

2 Die Sahne steif schlagen. Die Suppe auf vorgewärmte Teller füllen und Sahnekleckse aufsetzen. Weißbrotwürfel aufstreuen. Eine »Fettbemme« (der Leipziger Ausdruck für ein Brot mit Griebenschmalz) dazu reichen.

Tomatensuppe

Für 4 Portionen

- 1 Zwiebel
- 1 EL Butter
- 500 g vollreife Tomaten
- 2 EL Tomatenmark
- 1 EL Mehl
- 1 l Brühe
- Je 1 kleines Stück Sellerie und Lauch
- 1/8 l Schlagsahne
- Salz
- Pfeffer
- 1 Prise Zucker
- 2 Semmeln
- 50 g Butter

1 Die Zwiebeln schälen und in kleine Würfel schneiden. Die Butter erhitzen, die Zwiebel darin andünsten. Die Tomaten waschen, grob zerkleinern, dabei den Stielansatz herausschneiden. Die Tomaten zusammen mit dem Tomatenmark unter die Zwiebeln rühren. 10 Minuten dünsten.

2 Das Mehl über die Tomaten-Zwiebel-Masse stäuben und anschwitzen. Die Brühe einrühren und alles zum Kochen bringen. Sellerie und Lauch waschen, zerkleinern und zur Suppe geben. 30 Minuten köcheln lassen.

3 Die Sahne zur Suppe geben. Alles mit Salz, Pfeffer und Zucker abschmecken. Die Suppe durch ein Sieb streichen. Warm stellen.

4 Die Semmeln in kleine Würfel schneiden und in der Butter goldbraun rösten. Die Suppe auf vorgewärmte Teller füllen. Die Semmelwürfel aufstreuen.

Meißner Weinsuppe

Für 4 Portionen

- 100 g Zucker
- 1 Prise Salz
- Je 1/2 TL Ingwer- und Zimtpulver
- 80 g Butter
- 2 EL Mehl
- 3/4 l trockener Weißwein
- 4 Eier

1 Zucker und Gewürze in einen Topf geben. 1/4 Liter Wasser zugießen, zum Kochen bringen, 20 Minuten köcheln lassen, durch ein Sieb gießen.

2 In einem anderen Topf die Butter erhitzen, das Mehl zufügen und unter Rühren hellgelb anschwitzen. Die durchgesiebte Brühe unterrühren, den Wein angießen, alles erhitzen, aber nicht kochen lassen. Vom Herd nehmen.

3 Die Eier trennen. Das Eigelb in die Suppe rühren. Das Eiweiß steif schlagen. Mit einem Teelöffel als Flocken auf die Suppe setzen. Am besten Zwieback dazu reichen.

KLEINE GERICHTE

Jäger- oder Käseschnitzel, Würzfleisch, Broiler, Kachelwurst, Knäzchen oder Strammer Max waren stets willkommen – egal ob auf dem Mittags- oder Abendbrottisch – und Karlsbader Schnitten sowieso. Kinder liebten Ei im Loch. Das war ein Spiegelei in einer Brotscheibe. Dafür wurde die Brotscheibe mit einer Tasse ausgestochen, in eine eingefettete Bratpfanne gegeben, in das Loch kam das Ei, und dann wurde alles gebraten. Aber auch mit Bockwurst oder mit Bratwürsten wusste man allerhand anzufangen.

Karlsbader Schnitten

Für 4 Portionen *Siehe Foto Seite 40*

- 4 Scheiben Toastbrot
- 50 g Butter
- 4 Scheiben Kochschinken oder Bierschinken
- 4 Scheiben Ananas (Dose)
- 4 Scheiben Schnittkäse
- Edelsüßes Paprikapulver

1 Die Brotscheiben auf einer Seite rösten, z.B. in einer beschichteten Pfanne oder unter dem Grill. Den Backofen auf 200 °C (Gas Stufe 3, Umluft 180 °C) vorheizen.

2 Die andere Brotseite mit Butter bestreichen und mit Kochschinken, Ananas und Käse belegen. Paprika daraufstreuen. Überbacken, bis der Käse zu zerlaufen beginnt.

Harzer Brägewurst (Grützwurst)

Für 4 Portionen

- 400 g Schweineschwarte
- 400 g Schweinefleisch
- 500 g Schweineleber
- 500 g Graupen
- Salz
- Pfeffer
- 1 EL Majoran

1 Die Schwarte in 2 Liter Wasser zum Kochen bringen und 15 Minuten garen. Das Schweinefleisch in Würfel schneiden, in den Topf geben, weitere 45 Minuten köcheln. Die Leber klein schneiden und zufügen, nochmals 20 Minuten garen.

2 Das Fleisch aus dem Topf nehmen. In der Hälfte der Brühe die Graupen bei milder Hitze in 45 Minuten ausquellen lassen.

3 Das Fleisch durch den Fleischwolf drehen und mit den Gewürzen vermischen. Die gequollenen Graupen untermischen. Die Masse in eine Stoffserviette füllen, eine lange Wurst formen, die Serviettenenden fest zusammenbinden.

4 Wurst in der restlichen Brühe 20 Minuten ziehen lassen. Aus der Serviette nehmen und in Scheiben schneiden. Dazu Landbrot reichen.

Gebackene Soljanka

- 1 kg Sauerkraut
- 125 g Margarine
- 1 Lorbeerblatt
- ⅛ l Fleischbrühe
- 2 Zwiebeln
- 2 EL Tomatenmark
- 1 EL Essig
- 1 EL Zucker
- 1 EL Mehl
- Salz
- Pfeffer
- 500 g Wurst (Salami, Knackwurst, Schinken, Jagdwurst)
- 2 saure Gurken
- 1 EL Kapern
- 2 EL Preiselbeerkompott
- 3 EL Semmelbrösel
- 1 EL Butter

Für 4 Portionen *Siehe Foto Seite 43*

1 Das Sauerkraut abtropfen lassen und etwas zerkleinern. 50 Gramm Margarine in einem Topf erhitzen, das Sauerkraut und das Lorbeerblatt zufügen. Die Brühe angießen. Alles erhitzen und 20 Minuten garen. Öfter umrühren.

2 Die Zwiebeln schälen und fein hacken. In einer Pfanne 30 Gramm Margarine erhitzen, die Hälfte der Zwiebeln zugeben und goldgelb braten. Tomatenmark, Essig und Zucker einrühren. Die Mischung zum Sauerkraut geben, alles weitere 10 Minuten garen.

3 Das Mehl in etwas kaltem Wasser glatt rühren, das Sauerkraut damit binden. Mit Salz und Pfeffer würzen. Die Wurst in kleine Würfel schneiden. Die Gurken fein schneiden. Die restliche Margarine erhitzen, die restliche Zwiebel und die Wurst zugeben, 3 Esslöffel heißes Wasser, die Gurkenstücke und die Kapern untermischen, das ganze Gemisch 5 Minuten dünsten. Den Backofen auf 180 °C (Gas Stufe 2, Umluft 160 °C) vorheizen.

4 Die Hälfte des Sauerkrauts in eine Kasserolle schichten. Darauf die Wurstmischung geben und mit dem restlichen Sauerkraut bedecken. Preiselbeeren darauf anordnen. Die Semmelbrösel daraufstreuen. Die Butter in Flöckchen aufsetzen. Im vorgeheizten Backofen 10 Minuten überbacken.

FRAGWÜRDIGER INHALT

Eine Soljanka, egal ob gebacken oder nicht, war oft ein typisches Reste-Essen und besaß – auch wenn man sie sehr gern aß – nicht den besten Ruf. Hatte man sie nicht selbst zubereitet, sondern in einer Gaststätte verzehrt, hieß es oft: »Welche Reste von vorgestern sind denn da wieder reingeworfen worden?« Gegessen wurde sie trotzdem.

Käseschnitzel

4 Scheiben Schnittkäse (à 100 g)
1 Ei
125 g Semmelbrösel
Öl zum Ausbacken

Für 4 Portionen

1 Die Käsescheiben auf beiden Seiten in verquirltem Ei und in den Semmelbröseln wälzen.

2 Das Öl in der Pfanne erhitzen, die Käseschnitzel hineingeben und auf beiden Seiten goldgelb braten.

Jägerschnitzel

4 Scheiben Römerbraten à 100 g (oder Jagdwurst)
2 TL Senf
1 Ei
125 g Semmelbrösel
Öl zum Braten

Für 4 Portionen

1 Die Wurstscheiben halbieren. Jeweils eine der Hälften mit Senf bestreichen, die andere Hälfte auflegen. Das Ei verrühren, die aufeinandergeklebten Wurstscheiben erst im Ei, dann in den Semmelbröseln wälzen.

2 In einer Pfanne etwas Öl erhitzen, die vorbereiteten Jägerschnitzel hineingeben und auf beiden Seiten bei milder Hitze goldbraun braten. Kopfsalat mit einer Essig-und-Öl-Marinade dazu reichen.

Verpackte Bockwürste

4 Bockwürste
½ Päckchen Kloßmehl, halb und halb
125 g Mehl
2 Eier
1 Prise Muskat
Etwas Senf oder Ketchup

Für 4 Portionen

1 Die Bockwürste erhitzen. Kloßmehl, Mehl, 1 Ei und Muskat zu einem glatten Teig verkneten. Auf bemehlter Fläche ausrollen, in 4 Rechtecke schneiden, Würste umhüllen. Backofen auf 200 °C (Gasstufe 3, Umluft 180 °C) vorheizen.

2 Ein Backblech einfetten, die Wurstpäckchen darauflegen. Das restliche Ei verquirlen, die verpackten Würste damit bestreichen. Im vorgeheizten Backofen etwa 15 Minuten backen. Herausnehmen und Senf oder Ketchup dazu reichen.

Bratwurst mit Sauerkraut und Kartoffelbrei

Für 4 Portionen *Siehe Foto oben*

- 1 Zwiebel
- 1 Apfel
- 500 g Sauerkraut
- 50 g Gänse- oder Schweineschmalz
- 5 zerdrückte Wacholderbeeren
- 5 zerdrückte Pfefferkörner
- 1 Lorbeerblatt
- ¼ l Weißwein
- 2 EL saure Sahne
- 1 kg Kartoffeln
- Salz
- ¼ l Milch
- 1 EL Butter
- 1 Prise Muskat
- 4 gebrühte Bratwürste
- 100 ml Milch
- Bratfett

1 Die Zwiebel schälen und fein hacken. Den Apfel schälen und grob raspeln. Sauerkraut abtropfen lassen. In einem Topf das Schmalz erhitzen, die Zwiebel zugeben und andünsten. Den Apfel unterrühren. Dann das Sauerkraut mit Wacholderbeeren, Pfefferkörnern und Lorbeerblatt zufügen. ⅛ Liter Wasser angießen, zugedeckt 20 Minuten garen.

2 Den Wein ans Kraut gießen, alles einige Minuten köcheln lassen. Das Lorbeerblatt entfernen, die saure Sahne einrühren.

3 Die Kartoffeln schälen, grob zerkleinern, in Salzwasser garen. Danach abgießen, das Kartoffelwasser auffangen.

4 Die Kartoffeln stampfen, heiße Milch und etwas von dem Kartoffelwasser zugeben, alles schaumig rühren, Butter und Muskat unterrühren.

5 Die Bratwürste in Milch wenden. In einer Pfanne das Bratfett erhitzen, darin die Würste anbraten. Mit Kartoffelbrei und Sauerkraut servieren.

Würzfleisch

500 g Fleisch (Kalbfleisch, Lammfleisch, Innereien)
Salz
1 Zwiebel
50 g Margarine
2 EL Mehl
Saft von 1–2 Zitronen
2 EL gehackte Kräuter (Petersilie, Thymian, Estragon)
100 g Reibekäse
50 g Butter
4 Zitronenscheiben
Etwas Worcestersauce

Für 4 Portionen *Siehe Foto unten*

1 Fleisch in einen Topf geben und mit 1¼ l Wasser und Salz gar kochen. Fleisch abkühlen lassen, Brühe abgießen und beiseite stellen.

2 Den Backofen auf 200 °C (Gas Stufe 3, Umluft 180 °C) vorheizen. Das Fleisch in mundgerechte Stücke schneiden. Die Zwiebel schälen und fein hacken. Die Margarine zerlassen, die Zwiebel zugeben, mit Mehl bestäuben, alles goldgelb anbräunen.

3 Die Brühe angießen, das Fleisch zugeben, alles kurz aufkochen lassen. Mit Zitronensaft und Salz abschmecken. Die Kräuter dazugeben.

4 Feuerfeste Förmchen einfetten, das Fleisch mit der Sauce einfüllen, mit Käse bestreuen, Butterflöckchen aufsetzen. Im vorgeheizten Backofen 5 Minuten überbacken. Mit Zitronenscheiben und einem Schuss Worcestersauce servieren.

Wittenberger Knäzchen

Für 4 Portionen

- 4 Zwiebeln
- 500 g Gehacktes (halb Rind, halb Schwein)
- 2 Eier
- 4 EL Semmelbrösel
- 1 EL Senf
- Salz, Pfeffer
- 1 TL gemahlener Kümmel
- 1 EL gerebelter Majoran
- Öl zum Anbraten
- 1 EL Mehl
- 50 g Butter oder Margarine

1 Die Zwiebeln schälen. 2 Zwiebeln fein hacken, die restlichen in Ringe schneiden. Gehacktes in eine Schüssel füllen, gehackte Zwiebeln, Eier, Semmelbrösel, Senf, Salz, Pfeffer, Kümmel und Majoran zugeben, alles vermengen. Handtellergroße Klöße formen und flach drücken.

2 In einer Pfanne Öl erhitzen, die Knäzchen hineingeben und auf beiden Seiten knusprig braun braten. Die Zwiebelringe in Mehl wälzen. Die Butter in einer zweiten Pfanne erhitzen, die Zwiebelringe darin goldgelb braten und auf den Knäzchen anrichten.

Thüringer Rostbrätel

Für 4 Portionen

- 2 Zwiebeln
- 100 g Butter oder Margarine
- Salz
- 4 Scheiben Schweinekamm à 200 g (ohne Knochen)
- Pfeffer
- 3 EL dunkles Bier

1 Die Zwiebeln schälen und in Ringe schneiden. In einer Pfanne 50 g Butter erhitzen, die Zwiebelringe hineingeben und goldbraun braten. Herausnehmen, salzen, warm stellen.

2 Die Fleischscheiben waschen, trocken tupfen, mit Salz und Pfeffer würzen. Die restliche Butter in die Zwiebelpfanne geben, erhitzen, die Fleischscheiben hineinlegen und auf beiden Seiten knusprig braten, dabei mit Bier beträufeln.

3 Die gebratenen Fleischscheiben herausnehmen und die Zwiebelringe darauf verteilen. Mit Landbrot und dunklem Bier servieren.

Halberstädter Würstchenspieße

- 8 Halberstädter Würstchen
- 200 g Harzer Schlackwurst
- 1 eingelegte Paprikaschote
- 4 saure Gurken
- 8 kleine Champignonköpfe
- Öl zum Braten
- Etwas Tomatenketchup

Für 4 Portionen *Siehe Foto Seite 49*

1 Jedes Würstchen dreimal quer durchschneiden. Schlackwurst in Würfel, Paprika in Streifen und Gurken halbieren. Alles im Wechsel mit Champignons aufspießen.

2 In einer Pfanne Öl erhitzen, die Würstchenspieße darin ringsum braten. Sobald die Würstchen gar sind, aus der Pfanne nehmen und mit Tomatenketchup servieren.

Strammer Max

- 80 g Butter
- 4 Scheiben Mischbrot
- 4 Eier
- Salz
- 200 g roher Schinken

Für 4 Portionen

1 Von der Butter 50 Gramm in der Pfanne zerlassen, die Brotscheiben auf beiden Seiten darin rösten. Herausnehmen und auf Teller geben.

2 Spiegeleier im Butterrest braten. Salzen. Schinken in kleine Würfel schneiden, auf Brotscheiben verteilen, jeweils 1 Spiegelei daraufsetzen.

ÄLTESTES DOSENWÜRSTCHEN

Halberstädter Würstchen sind die ältesten Dosenwürstchen der Welt. Einem Unternehmer aus Halberstadt namens Friedrich Heine war es 1896 gelungen, die köstlichen über Buchenholz geräucherten Würstchen durch Konservierung in Dosen haltbar zu machen. Schnell eroberten sie den Markt und waren weit über die Grenzen Deutschlands hinweg begehrt. Ihre Beliebtheit bestand auch in der DDR weiter, nur hatten sich die heiß begehrten Würstchen zur Bück-dich-Ware entwickelt. Wenn man dann doch mal Glück beim Einkauf hatte, trug man die Dosenwürste in Vorfreude auf den herzhaften Genuss stolz nach Hause.

Knusperbroiler

1 küchenfertiger Broiler (Hähnchen, etwa 1,2 kg)
Salz
1 TL Currypulver
4 EL Honig
4 EL Senf

Für 4 Portionen *Siehe Foto Seite 51*

1 Den Backofen auf 200 °C (Gas Stufe 3, Umluft 180 °C) vorheizen. Den Broiler waschen, trocken tupfen, mit Salz einreiben. 1 Teelöffel Curry mit dem Honig und dem Senf verrühren, den Broiler damit einreiben.

2 Ein Backblech einfetten, den Broiler darauflegen und im vorgeheizten Backofen etwa 45 Minuten braten. Währenddessen mehrmals mit der heruntergetropften Honigmischung bepinseln.

Der Broiler Das 1,2 kg schwere Brathuhn kam aus einer speziellen Züchtung mit kurzer Mastzeit vom KIM (Kombinat Industrielle Mast), das auch für die Eierproduktion zuständig war. Motto: Köstlich, immer marktfrisch. Broiler wurden gegrillt, gebraten oder als Backhähnchen verzehrt. An zahlreichen Ständen in Dörfern und Städten verwandelten sie sich zudem auf dem Spieß eines rotierenden Elektrogrills in schmackhafte »Goldbroiler«.

Brathering Sondershäuser Art

8 küchenfertige grüne Heringe
Saft von 2 Zitronen
Salz
80 g Mehl
100 g Margarine
½ l Weinessig
4 Zwiebeln
1 TL Zucker
1 Lorbeerblatt
10 Senfkörner

Für 4 Portionen

1 Die Heringe waschen, trocken tupfen, mit Zitronensaft beträufeln, salzen und in Mehl wälzen. In einer Pfanne die Margarine erhitzen, die Heringe hineingeben und auf beiden Seiten je 6 Minuten braten. Herausnehmen, warm stellen.

2 Den Essig mit ½ Liter Wasser in einen Topf geben. Die Zwiebeln schälen, in Ringe schneiden, mit dem Zucker, dem Lorbeerblatt und den Senfkörnern im Wasser erhitzen, kurz aufwallen lassen, vom Herd nehmen und auskühlen lassen.

3 Die warmen Heringe mit der ausgekühlten Marinade übergießen und zugedeckt über Nacht gründlich durchziehen lassen.

Stolzer Heinrich

Für 4 Portionen

- 50 g Margarine
- 8 Thüringer Bratwürste
- 1 EL Mehl
- ¼ l Fleischbrühe
- ¼ l helles Bier
- 1 EL Essig
- ½ TL abgeriebene Schale von 1 unbehandelten Zitrone
- Salz, Pfeffer
- 1 TL Kapern
- 2 EL Zitronensaft

1 In einer Pfanne die Margarine erhitzen, die Bratwürste hineinlegen und ringsum knusprig braten. Anschließend die Würste herausnehmen, warm stellen.

2 Das Mehl in das Bratfett rühren und anschwitzen. Unter Rühren Fleischbrühe und Bier zugießen, den Essig und die Zitronenschale einrühren, alles 10 Minuten köcheln lassen. Die gesamte Mischung mit Salz, Pfeffer, Kapern und Zitronensaft abschmecken.

3 Die Bratwürste hineingeben und 5 Minuten ziehen lassen. Mischbrot dazu reichen.

FLEISCH, GEFLÜGEL & FISCH

Mit Fleisch, Geflügel und Fisch konnte man immer schon viel anfangen. Da wird verpackt, gewickelt, gefüllt und gebraten. Auch Innereien isst man gern, vor allem Leber in jeder Form. Zur Schlachtezeit gibt es Topfbraten, weil all das im Bratentopf landet, was beim Schlachten abfällt. Viel Wert wird auch auf würzige Saucen gelegt.

Bötel, Lehm und Stroh

Für 4 Portionen *Siehe Foto Seite 52*

Lehm: 600 g gelbe Trockenerbsen
- 70 g durchwachsener Speck
- 125 g Gemüse (Möhren und Sellerie)
- Salz, Pfeffer
- 1 TL fein gehackter, frischer Majoran
- 1 EL gehackte Petersilie
- 200 g Schinkenspeck
- 50 g Margarine

Bötel: 1 Bund Wurzelwerk
- 2 gepökelte Schweinshaxen
- 10 Pfefferkörner
- 1 Lorbeerblatt
- 1/4 l Brühe
- 1/4 l Radeberger Pilsner
- 1 EL Butter
- 1 EL Mehl

Stroh: 1 Zwiebel
- 1 EL Butterschmalz
- 1 kg Sauerkraut
- 6 Wacholderbeeren
- 1 Lorbeerblatt
- 2 EL Kümmel
- 1 TL Zucker
- 1 Bund Wurzelwerk
- 300 g durchwachsener Speck
- 1/4 l Fleischbrühe

1 Die Trockenerbsen 12 Stunden in 1 Liter Wasser quellen lassen.

2 Den Backofen auf 200 °C (Gas Stufe 3, Umluft 180 °C) vorheizen. Für den Bötel Wurzelwerk putzen, waschen und grob zerkleinern. Mit dem Fleisch, den Pfefferkörnern und dem Lorbeerblatt gut mit Wasser bedeckt zwei Stunden köcheln lassen.

3 Das Fleisch aus dem Kochsud nehmen, auf ein Backblech legen und im vorgeheizten Backofen 10 Minuten knusprig braten. Zwischendurch mehrmals mit Bier begießen. Herausnehmen und warm stellen.

4 Die Brühe erhitzen, den Bratensatz und das Bier einrühren. Die Butter zerlassen, vom Herd nehmen, das Mehl unterrühren, nach und nach die Brühe zugießen. Kurz aufkochen.

5 Für den Lehm Speck in kleine Würfel schneiden, ausbraten. Gemüse putzen, fein schneiden, zum Speckfett geben und kurz andünsten. Eingeweichte Erbsen samt Wasser sowie Gewürze dazugeben. Alles 1 Stunde köcheln lassen.

6 Anschließend stampfen und pürieren. Warm stellen. Den Schinkenspeck in kleine Würfel schneiden, in der Margarine knusprig braten und auf dem Erbspüree verteilen.

7 Für das Stroh die Zwiebel schälen, in kleine Würfel schneiden und im Butterschmalz andünsten. Sauerkraut, Gewürze und das geputzte, zerkleinerte Wurzelwerk zugeben. Den Speck obenauf legen und die Brühe angießen. Alles zum Kochen bringen und 30 Minuten köcheln lassen. Mit Bötel und Lehm servieren.

Dresdner Zwiebelfleisch

1 Bund Wurzelwerk
500 g Zwiebeln
Salz
1 Schweinshaxe (etwa 1 kg)
2 Nelken
1 Lorbeerblatt
2 EL Öl
3 EL Semmelbrösel
1 TL Kümmel
Pfeffer
½ TL Zucker

Für 4 Portionen

1 Wurzelwerk putzen, waschen und grob zerkleinern. Zwiebeln schälen und in Ringe schneiden. In 2 Liter kaltem Salzwasser die Schweinshaxe mit Wurzelwerk, Nelken und Lorbeerblatt zum Kochen bringen. 2 Stunden bei mittlerer Hitze garen.

2 Das Fleisch herausnehmen und warm stellen. Die Brühe durch ein Sieb gießen. Das Öl in einem Topf erhitzen, die Zwiebeln darin glasig dünsten. ¼ Liter von der Kochbrühe angießen, zum Kochen bringen, alles 15 Minuten köcheln lassen.

3 Semmelbrösel und Kümmel in die Sauce rühren. Mit Salz, Pfeffer und Zucker abschmecken.

4 Das Fleisch entbeinen, in Portionen teilen und in der Sauce erhitzen. Majorankartoffeln und Kopfsalat dazu reichen.

Topfbraten

2 Zwiebeln
1 TL Zucker, ½ TL Salz
⅛ l Weinessig
¼ l Fleischbrühe
3 gemahlene Nelken
5 zerstoßene Pfefferkörner
200 g geriebener Saucenkuchen
500 g Schweinezunge
500 g Innereien und Schweinsklein (Herz, Niere, Ohr, Backe, Schwarte)
1 unbehandelte Zitrone
Pfeffer

Für 4 Portionen

1 Zwiebeln schälen und klein schneiden. Zucker, Salz und Essig in einem Topf vermischen, Zwiebeln zufügen, alles zum Kochen bringen und 5 Minuten köcheln lassen. Brühe, Nelken, Pfefferkörner und Saucenkuchen zugeben, weitere 5 Minuten garen, ab und zu umrühren.

2 Das gesamte Fleisch und die Innereien waschen, trocken tupfen und in kleine Stücke schneiden. Die Zitrone in Scheiben schneiden. Fleischstücke und Zitronenscheiben zu den Zwiebeln in den Topf geben. Alles zugedeckt etwa 1 Stunde garen.

3 Nach Ende der Garzeit die Sauce mit Salz, Pfeffer und Essig abschmecken. Die Zitronenscheiben entfernen. Dazu gehören Thüringer Klöße (→ Seite 105) und ein dunkles Bier.

Kasselerbraten

Für 4 Portionen *Siehe Foto oben*

- 1 kg Kasseler
- 10 Nelken
- 1 TL Zucker
- 2 Zwiebeln
- 3 EL Öl
- 1 Flasche Malzbier
- 1 Saucenkuchen

1 Das Fleisch waschen, trocken tupfen, auf der Oberseite mit den Nelken spicken und mit Zucker bestreuen. Die Zwiebeln schälen und grob zerkleinern.

2 Das Öl erhitzen, das Kasselerstück hineingeben und rundherum anbraten. Zwiebeln zugeben und mitbraten, bis sie goldgelb sind. Das Malzbier angießen. Den Braten 40 Minuten garen, dann das Fleisch herausnehmen und warm stellen.

3 Den Saucenkuchen grob zerkleinern und zur Sauce geben, weitere 10 Minuten köcheln lassen. Das Kasselerstück in Scheiben schneiden, mit Kartoffelpüree und Sauerkraut servieren. Die Sauce getrennt dazu reichen. Komplett wird das Ganze mit einem kühlen Bier.

Berliner Kalbsleber

4 mittelgroße Zwiebeln
2 Äpfel
100 g Margarine oder Butter
4 Scheiben Kalbsleber à 150 g
2 EL Mehl
Salz
Pfeffer
Etwas gehackte Petersilie

Für 4 Portionen *Siehe Foto unten*

1 Die Zwiebeln schälen und in Ringe schneiden. Die Äpfel schälen, Kerngehäuse ausstechen, die Äpfel in Scheiben schneiden.

2 Die Hälfte der Margarine erhitzen, Zwiebelringe und Apfelscheiben hineingeben und dünsten.

3 Die Kalbsleber in Mehl wenden und in der restlichen Margarine auf jeder Seite 3 bis 4 Minuten braten.

4 Die Leber mit Salz und Pfeffer würzen. Mit Zwiebelringen, Apfelscheiben und Petersilie anrichten. Kartoffelpüree dazu reichen.

Thüringer Schweiß

Für 4 Portionen

- 6 Semmeln
- 1 l Milch
- ¼ l Gänse- oder Entenblut (vom Fleischer)
- 3 Eier
- Salz
- Pfeffer
- 1 EL gerebelter Majoran
- 200 g fetter Speck
- 2 Zwiebeln

1 Den Backofen auf 200 °C (Gas Stufe 3, Umluft 180 °C) vorheizen. Die Semmeln in Scheiben schneiden. Die Milch erhitzen und über die Semmeln gießen. Blut, Eier, Salz, Pfeffer und Majoran zugeben und alles glatt rühren. Den Speck in Würfel schneiden. Die Zwiebeln schälen und fein hacken.

2 In einer feuerfesten Form den Speck ausbraten. Die Zwiebeln zugeben und glasig werden lassen. Die Semmelmasse zugeben und unter Rühren 20 Minuten köcheln. Den Schweiß in den Backofen geben und 10 Minuten backen. Mit Majoran bestreute Salzkartoffeln dazu reichen.

Elbtaler Senfbraten

Für 4 Portionen

- 1,5 kg Schweinebraten, vom Fleischer zum Aufrollen geschnitten
- Salz
- Pfeffer
- 2 EL mittelscharfer Senf
- 2 EL Öl
- 2 Zwiebeln
- 1 Bund Wurzelwerk
- 4 Gewürznelken
- ⅛ l Fleischbrühe
- ¼ l Elbtalwein (Riesling)
- 3 EL saure Sahne

1 Das Fleisch waschen und trocken tupfen, mit Salz und Pfeffer einreiben, mit Senf bestreichen, aufrollen und zusammenbinden. In einem Topf das Öl erhitzen, den Rollbraten hineingeben und ringsum anbraten.

2 Zwiebeln schälen und fein hacken. Das Wurzelwerk putzen, waschen und grob zerkleinern. Zusammen mit den Gewürznelken zum Fleisch geben, die Brühe angießen. Zugedeckt 30 Minuten köcheln lassen.

3 Den Wein angießen, weitere 60 Minuten garen. Dann das Fleisch herausnehmen und warm stellen.

4 Die Sauce pürieren, die saure Sahne einrühren. Den Braten in Scheiben schneiden und mit der Sauce servieren.

Tipp Zu diesem Gericht sollte man Kartoffelklöße, Wickelklöße (→ Seite 106) oder Pilzklöße (→ Seite 102) reichen.

Kaninchenfrikassee

- 1 küchenfertiges Kaninchen (etwa 1,7 kg)
- 1 Zwiebel
- Salz
- 1/4 l herber Weißwein
- 1/2 l Fleischbrühe
- 1 Lorbeerblatt
- 1 TL gerebelter Thymian
- 2 Petersilienstängel
- 6 Wacholderbeeren
- Pfeffer
- 50 g Margarine
- 2 EL Mehl
- Saft von 1 Zitrone
- 2 Eigelb
- 2 EL gehackte Petersilie

Für 4 Portionen *Siehe Foto Seite 59*

1 Das Fleisch von den Knochen lösen und in mundgerechte Stücke schneiden. Die Zwiebel schälen und fein hacken.

2 In einem Topf 1/2 Liter Salzwasser zum Kochen bringen, die Fleischstücke zugeben und 4 Minuten garen. Mit Schaumlöffel herausnehmen.

3 Wein und Brühe in einen zweiten Topf geben, Fleischstücke, Zwiebeln, Lorbeerblatt, Thymian, Petersilienstängel, zerdrückte Wacholderbeeren, Salz und Pfeffer hineingeben. Alles zum Kochen bringen und danach bei mäßiger Hitze etwa 50 Minuten garen. Die Fleischstücke aus dem Topf nehmen. Die Sauce passieren.

4 In einer Kasserolle die Margarine erhitzen, das Mehl darin anschwitzen, die Sauce zufügen und aufkochen lassen. Vom Herd nehmen, Zitronensaft und Eigelb einrühren und die Fleischstücke zugeben. Mit Salz und Pfeffer abschmecken. Mit Petersilie bestreuen und mit Buttererbsen servieren.

Pilzgulasch

- 500 g Zwiebeln
- 1 kg Gulasch (halb Schwein, halb Rind, in mundgerechte Würfel geschnitten)
- 1 EL Margarine
- Salz, Pfeffer
- 1/2 l Pilsner
- 250 g Waldpilze
- 6 EL stichfeste saure Sahne
- 2 EL gehackte Petersilie

Für 4 Portionen

1 Die Zwiebeln schälen und fein schneiden. Das Fleisch waschen und trocken tupfen. In einem Topf die Margarine erhitzen, die Zwiebeln hineingeben, glasig werden lassen, das Fleisch zufügen, ringsum anbraten und mit Salz und Pfeffer würzen. Das Bier angießen, alles 50 Minuten köcheln lassen.

2 Die Pilze abreiben, putzen, klein schneiden, zum Fleisch geben und alles weitere 10 Minuten köcheln lassen.

3 Die Sahne einrühren, mit Salz und Pfeffer abschmecken. Zuletzt die Petersilie aufstreuen. Watteklöße (→ Seite 105) dazu reichen.

Blutwurstpfanne

- 500 g Kartoffeln
- 500 g Sauerkraut
- 3 Zwiebeln
- 2 Knoblauchzehen
- 100 g durchwachsener Speck
- 50 g Schweineschmalz
- 5 Wacholderbeeren
- 1 Nelke
- 1/4 l Fleischbrühe
- Einige Zweige frischen Majoran
- 1 EL Margarine
- Salz, Pfeffer
- 500 g frische Blutwurst
- 1 Handvoll frisch gepflückte, gereinigte Majoranblüten zum Garnieren

Für 4 Portionen *Siehe Foto Seite 61*

1 Die Kartoffeln in der Schale kochen, schälen und in Scheiben schneiden. Das Sauerkraut abtropfen lassen und zerkleinern. Die Zwiebeln und die Knoblauchzehen schälen und fein hacken. Den Speck in kleine Würfel schneiden.

2 In einem Topf das Schmalz erhitzen, den Speck zugeben und ausbraten. Die Hälfte der gehackten Zwiebeln und den Knoblauch zufügen und andünsten. Das Kraut, die Wacholderbeeren, die Nelke und die Brühe zugeben, die gesamte Mischung 25 Minuten garen.

3 Den Majoran waschen, die Blättchen von den Stielen zupfen. Einige Blättchen für die Dekoration beiseite legen, die anderen zerkleinern. In einer Pfanne die Margarine erhitzen, die restlichen Zwiebeln hineingeben und andünsten, die Kartoffelscheiben zufügen, mit Salz, Pfeffer und Majoran würzen und goldbraun braten.

4 Die Wurst aus der Pelle nehmen, in Würfel schneiden, zu den Kartoffeln geben, vermischen und durchbraten. Sauerkraut und Blutwurstkartoffeln auf einer vorgewärmten Platte anrichten. Majoran darüberstreuen.

Äberlausitzer Gewiegtesbrutl

- 2 Kartoffeln
- 1 Zwiebel
- 500 g Gehacktes (halb Rind, halb Schwein)
- Salz
- Pfeffer
- 1/2 TL Kümmel
- 1/2 TL Senf
- Öl zum Braten

Für 4 Portionen

1 Die Kartoffeln in der Schale kochen, pellen und reiben. Die Zwiebel schälen und fein hacken.

2 Das Gehackte in eine Schüssel geben, Kartoffeln, Zwiebel, Salz, Pfeffer, Kümmel und Senf zufügen und alles gut vermischen. Aus dieser Masse Klößchen formen.

3 Das Öl erhitzen, die Klößchen darin ringsum knusprig braten. Als Beilage Mauke (Kartoffelbrei) servieren.

Gebackene Rippchen

Für 4 Portionen

- 1,5 kg Rippchen vom Schwein
- 2 EL Senf
- 2 EL Essig
- 8 EL Tomatenmark
- Pfeffer
- Salz
- 5 Knoblauchzehen
- 1 EL getrockneter Thymian

1 Die Rippchen unter fließendem Wasser abspülen und abtrocknen. Das Fleisch zwischen den Knochen etwas einschneiden.

2 Aus Senf, Essig, Tomatenmark, Pfeffer und Salz eine Marinade herstellen. Den Knoblauch schälen und fein hacken, mit dem Thymian zur Marinade geben.

3 Die Rippchen mit der Marinade bestreichen, abdecken und über Nacht kühl stellen.

4 Den Backofen auf 180 °C (Gas Stufe 2, Umluft 160 °C) vorheizen. Die Rippchen aus der Marinade nehmen und in einer ofenfesten Auflaufform 60 Minuten im vorgeheizten Backofen braten.

Schmorbraten

- 4 Zwiebeln
- 1 Bund Wurzelwerk
- 1,5 kg Rindfleisch (Keule)
- 4 EL Sonnenblumenöl
- Salz
- Pfeffer
- 300 ml Fleischbrühe
- 3 EL stichfeste saure Sahne

Für 4 Portionen

1 Die Zwiebeln schälen und fein hacken. Das Wurzelwerk putzen und zerkleinern. Das Fleisch waschen und trocken tupfen. In einem Topf das Öl erhitzen, das Fleisch hineinlegen und ringsum anbraten. Salz und Pfeffer darüberstreuen und etwas Brühe angießen, Zwiebeln und Wurzelwerk zugeben, zugedeckt 30 Minuten schmoren lassen.

2 Die restliche Brühe angießen und weitere 60 Minuten schmoren. Fleisch herausnehmen, warm stellen.

3 Die saure Sahne zum Fond geben, alles einige Minuten einkochen. Das Fleisch in Scheiben schneiden und auf einer vorgewärmten Platte anrichten. Fauleweiberklöße (→ Seite 106) und die Sauce dazu reichen.

Koteletts in Kümmelsauce

- 4 Schweinekoteletts à 200 g
- Salz, Pfeffer
- 50 g Schweineschmalz
- 1 Zwiebel
- 60 g Butter
- 2 TL Kümmel
- 1/8 l Weißwein
- 1/4 l Fleischbrühe
- 2 Eigelb
- 100 ml dunkles Bier

Für 4 Portionen

1 Die Koteletts an den Rändern zweibis dreimal einschneiden. Auf beiden Seiten mit Salz und Pfeffer würzen. In einer Pfanne das Schweineschmalz erhitzen, das Fleisch auf jeder Seite 5 Minuten braten. Herausnehmen und warm stellen. Das Bratfett abgießen.

2 Die Zwiebel schälen und in kleine Würfel schneiden. In einer Pfanne 30 Gramm von der Butter erhitzen, Zwiebel und Kümmel hineingeben und kurz anschwitzen. Weißwein und Fleischbrühe zugießen. Alles auf die Hälfte einkochen. Durch ein Sieb geben. Die restliche Butter einrühren. Warm stellen.

3 Eigelb und Bier im Wasserbad mit einem Schneebesen zu einer Creme aufschlagen und unter die Kümmelsauce ziehen. Abschmecken. Die Koteletts auf vorgewärmte Teller geben, die Sauce darübergießen. Dazu Petersilienkartoffeln reichen.

Kochklops

Für 4 Portionen *Siehe Foto unten*

- 500 g Gehacktes vom Schwein
- 1 Semmel
- 1 Zwiebel
- 2 Eier, Salz, Pfeffer
- 1 EL Senf
- ½ TL Kümmel
- 50 g Margarine
- 2 EL Mehl
- 4 EL Sahne
- Zitronensaft
- 2 EL Kapern
- 1 Prise Zucker
- 2 EL gehackte Petersilie

1 Fleisch in eine Schüssel geben. Semmel einweichen, ausdrücken, zum Fleisch geben. Zwiebel schälen, fein schneiden, zum Fleisch geben. 1 Ei, Salz, Pfeffer, Senf und Kümmel dazugeben, alles vermischen.

2 Reichlich Salzwasser aufkochen. Klöße formen, ins nicht mehr kochende Wasser geben und 15 Minuten ziehen lassen. Klöße aus dem Wasser nehmen und warm stellen.

3 Die Margarine zerlassen, das Mehl darin anschwitzen, mit Kochwasser eine sämige Sauce anrühren. Vom Herd nehmen. Das restliche Ei mit der Sahne verrühren und in die Sauce rühren, mit dem Zitronensaft, den Kapern und dem Zucker abschmecken.

4 Die Klöße in die Sauce legen, Salzkartoffeln mit Petersilie als Beilage dazu servieren.

Rindsroulade

4 Rindfleischrouladen (à 200 g)
Salz, Pfeffer
4 TL Senf
4 kleine Zwiebeln
4 Gewürzgurken
4 dünne Scheiben durchwachsener Speck (à 50 g)
50 g Margarine
1/4 l Fleischbrühe
1/8 l Schlagsahne

Für 4 Portionen *Siehe Foto Seite 65*

1 Das Fleisch waschen und trocken tupfen, mit Salz und Pfeffer einreiben und mit Senf bestreichen. Die Zwiebeln pellen, grob zerkleinern und mit den Gewürzgurken und dem Speck auf den Fleischscheiben verteilen. Die Fleischscheiben aufrollen, mit Rouladennadeln oder Küchengarn zusammenhalten.

2 In einem Topf die Margarine erhitzen, die Rouladen hineingeben, ringsum anbraten, die Brühe angießen, alles etwa 75 Minuten garen. Die Rouladen auf einer vorgewärmten Platte anrichten. Die Sauce mit der Sahne verfeinern und zuletzt mit Salz und Pfeffer abschmecken. Pilzklöße (→ Seite 102) dazu reichen.

KLOSSKUNST FÜR SAUCENFREUNDE

Fleisch wird immer gern gegessen, nicht nur als Roulade. Und Sauce muss sein. Und damit die gute Sauce zur Geltung kommt, braucht man Klöße! Thüringen ist das Kloßland Nummer 1, wo die liebevoll gedrehten Klöße siebenmal in der Woche und mindestens 365-mal im Jahr auf den Tisch kommen – und das ist eher untertrieben. Die kugeligen Köstlichkeiten gibt es in vielen Variationen: Grüne Klöße, Watte-, Wickel-, Zitter- und Fauleweiberklöße, Klöße aus rohen oder gekochten Kartoffeln, aus Mehl oder aus Weißbrot. Ein Kloßrezept schlechthin gibt es nicht. So viele Haushalte, so viele Kloßrezepte, heißt es. Und die eigenen sind sowieso die besten, denn die von Tante Agnes sind zu fest, die von Tante Käthe zu grobfaserig. Die von der Nachbarin (Hilfe!), die sind zerkocht und verwandeln sich in eine traurig graue Kloßbrühe. Das Familienrezept gibt man nie preis. Nicht weil man es nicht will, sondern weil man es schlichtweg nicht kann. Denn wie es die Großmutter nach Gefühl machte, so auch die Mutter, und deren Handgriffe sah sich wiederum die Tochter ab. Und jede Hausfrau formt den Kloß in der ihr ganz eigenen Weise.

Bördeländer Schweinebauch

- 1 kg Schweinebauch mit Schwarte (vom Fleischer eine Tasche in das Fleisch schneiden lassen)
- 500 g Sauerkraut
- 1 Birne
- 2 EL Schweineschmalz
- 1 EL Zucker
- 6 Wacholderbeeren
- 1 Lorbeerblatt
- 1 TL Kümmel
- 200 ml Weißwein
- 2 Zwiebeln
- Salz
- Pfeffer
- 2 EL stichfeste saure Sahne

Für 4 Portionen *Siehe Foto Seite 67*

1 Das Fleisch waschen und trocken tupfen. Das Sauerkraut abtropfen lassen und zerkleinern. Die Birne schälen, in Stücke schneiden, dabei das Kernhaus entfernen.

2 In einem Topf 1 Esslöffel Schweineschmalz erhitzen, Birnenstücke zufügen, anbraten, mit Zucker bestreuen, karamellisieren. Sauerkraut, Wacholderbeeren, Lorbeerblatt, Kümmel und Weißwein zufügen, zugedeckt 15 Minuten dünsten. Topf vom Herd nehmen, das Kraut auskühlen lassen.

3 Zwiebeln schälen und fein hacken. Fleisch mit Salz und Pfeffer einreiben. Kraut in die Tasche füllen, mit Küchengarn zunähen.

4 In einem Topf das restliche Schmalz erhitzen, das Fleisch hineingeben, ringsum anbraten. Die Zwiebeln zufügen und kurz anbraten, ¼ Liter Wasser angießen, alles zugedeckt 2 Stunden garen.

5 Das Fleisch aus dem Topf nehmen und auf ein Backblech legen. Im vorgeheizten Backofen bei 220 °C (Gas Stufe 3, Umluft 200 °C) in etwa 15 Minuten knusprig braten.

6 Die Sauce im Topf mit saurer Sahne verfeinern und mit Salz und Pfeffer würzen. Das Fleisch in Scheiben schneiden, mit der Sauce servieren. Kartoffelklöße und Butterbrösel (→ Seite 105) dazu reichen.

BEUTELGESELLSCHAFT

In der DDR hatte man stets mehrere Beutel dabei, bunte Einkaufshelfer aus Perlon oder Dederon – für alle Fälle. Das brachte der Republik den Spitznamen »Beutelgesellschaft« ein. Sobald man eine Schlange vor einem Laden entdeckte, stellte man sich flugs hintan. Dann erst hörte man, was es überhaupt gab, meist etwas Rares. Man machte beim Warten Bekanntschaften und tauschte Rezepte aus.

Mecklenburger Schinken

Für 4 Portionen

1 Den Backofen auf 200 °C (Gas Stufe 3, Umluft 180 °C) vorheizen. Die Fettschicht der Keule in 1 Zentimeter große Rauten teilen. In jedes Schnittkreuz eine Nelke stecken, salzen.

2 Das Fleisch mit der Fettschicht nach oben in einen Bräter geben und 2 Zentimeter hoch Wasser angießen. Im Backofen 2 Stunden braten, dabei ab und zu heißes Wasser angießen.

3 Die geriebene Brotkruste mit Nelkenpulver und Zucker vermischen. Nach Ende der Garzeit den Bräter aus dem Ofen nehmen, die Nelken entfernen, das Fleisch mit der Brotmischung bestreuen und nochmals in den Ofen schieben.

4 Das Fleisch nun so lange backen, bis die Kruste fest geworden ist, vor dem Verzehr etwas ruhen lassen.

- 1,2 kg Schweinekeule ohne Schwarte, aber mit Fettschicht
- Gewürznelken
- Salz
- 150 g geriebene Brotkruste
- 1 TL Nelkenpulver
- 2 EL Zucker

Wernesgrüner Bierfleisch auf Klitschern

Bierfleisch:

- 2 Zwiebeln
- 2 EL Öl
- 750 g Schweinefleisch (Schulterstück)
- Salz, Pfeffer
- 1 TL Kümmel
- ¼ l Fleischbrühe
- ¼ l Wernesgrüner Pilsner
- 2 Äpfel
- 50 g Butter

Klitscher:

- 800 g rohe Kartoffeln
- 400 g in der Schale gekochte Kartoffeln
- Salz
- ¼ l Buttermilch
- Leinöl zum Ausbacken

Für 4 Portionen *Siehe Foto Seite 69*

1 Die Zwiebeln schälen und fein hacken. Das Öl erhitzen, die Zwiebeln darin andünsten. Das Fleisch waschen, trocken tupfen, in kleine Würfel schneiden und zusammen mit Salz, Pfeffer und Kümmel zu den Zwiebeln geben. Fleischbrühe und Bier angießen. 90 Minuten köcheln lassen. Abschmecken.

2 Von den Äpfeln das Kerngehäuse ausstechen, die Äpfel schälen, in Ringe schneiden. Die Butter in einer Pfanne erhitzen, die Ringe hineingeben und 2 Minuten braten. Warm stellen.

3 Für die Klitscher die rohen Kartoffeln schälen und fein reiben. Die Kartoffelmasse etwas ausdrücken. Die gekochten Kartoffeln pellen und noch warm durch die Kartoffelpresse drücken. Mit den rohen Kartoffeln vermengen. Salz und Buttermilch unterrühren.

4 Das Leinöl in einer Pfanne erhitzen, mehrere Löffel von dem dickflüssigen Kartoffelteig hineingeben, breit drücken und auf beiden Seiten knusprig braten. Die fertig gebratenen Klitscher mit dem Bierfleisch und den Apfelscheiben servieren.

BÜCK-DICH-WARE

Wernesgrüner Bier war wie das Radeberger Pilsner Bück-dich-Ware und sehr begehrt. Selbst ausgefuchste Bierkenner zollten dem Trunk Achtung. Die Bierbrauer des VEB Exportbierbrauer Wernesgrün im Vogtland beherrschten die Rezeptur nach altbewährter Tradition aus dem Effeff und wussten um die Qualität ihres Wassers. Wernesgrüner Bier wird seit dem Jahre 1436 gebraut. Es wurde wie das Radeberger zum Großteil exportiert und kam bestenfalls in die gehobene Gastronomie. Apropos Bück-dich-Ware: In einigen Bezirken hieß diese auch einfach Bückware.

Gänsebraten

Gans:

- 1 küchenfertige Gans (etwa 2,5 kg)
- Salz
- Frisch gemahlener weißer Pfeffer
- 2 Stängel Beifuß
- 1 Zwiebel
- 1 Bund Wurzelwerk
- 1 EL Mehl
- ¼ l Schlagsahne

Füllung:

- 125 g Weißbrot
- ⅛ l Milch
- 4 EL Schlagsahne
- 1 Zwiebel
- 2 Eier
- Salz
- Pfeffer
- 1 Messerspitze frisch geriebene Muskatnuss

Für 4 Portionen *Siehe Foto Seite 71*

1 Die Gans waschen, trocken tupfen, innen und außen mit Salz und Pfeffer einreiben. Den Beifuß in die Bauchhöhle legen. Zwiebeln und Wurzelwerk putzen und zerkleinern. Den Backofen auf 200 °C (Gas Stufe 3, Umluft 180 °C) vorheizen.

2 Für die Füllung das Weißbrot kleinschneiden und in eine Schüssel geben. Milch und Sahne erhitzen, über das Weißbrot gießen. Die Zwiebel schälen und fein hacken. Mit den Eiern und den Gewürzen zur Weißbrotmasse geben. Alles gut vermischen. Die Gans damit füllen. Die Öffnung mit Küchengarn zunähen.

3 In die Fettpfanne des Backofens 300 ml Wasser geben, Zwiebeln und Wurzelwerk zufügen, die Gans hineinlegen und zugedeckt im vorgeheizten Backofen 90 Minuten schmoren lassen. Danach die Gans auf den Rost legen und bei gleicher Temperatur 90 Minuten weiterbraten. Die Fettpfanne mit dem Bratenfond darunterstellen. Bei Bedarf etwas Wasser nachgießen. Während der Bratzeit die Gans mehrmals wenden.

4 Die Gans 10 Minuten vor Ende der Bratzeit mit Salzwasser einpinseln, damit sie knusprig wird.

5 Die fertige Gans aus dem Ofen nehmen und warm stellen. Vom Bratenfond in der Fettpfanne das Fett abschöpfen und die Sauce durch ein Sieb in einen Topf gießen. Das Mehl in der Sahne verquirlen, die Sauce damit binden und noch einmal kurz aufkochen. Mit Salz und Pfeffer abschmecken. Thüringer Klöße (→ Seite 105) und Apfelrotkohl (→ Seite 94) dazu reichen.

Eingelegtes Matjesfilet

- 1/2 l Milch
- 8 Matjesfilets
- 1/2 l saure Sahne
- 2 EL Mayonnaise
- 1 TL Zucker
- Pfeffer
- 100 ml Weinessig
- 2 Zwiebeln
- 2 Gewürzgurken
- 2 Äpfel

Für 4 Portionen

Siehe Foto unten

1 Die Milch in eine Schüssel gießen, die Matjesfilets 2 Stunden hineinlegen. Inzwischen die Sauce bereiten.

2 Dafür Sahne, Mayonnaise, Zucker, Pfeffer und Essig verrühren. Die Zwiebeln schälen und in feine Ringe schneiden. Die Gurken in Scheiben schneiden. Die Äpfel schälen, in Viertel, dann in Scheiben schneiden, dabei das Kernhaus entfernen.

3 Zwiebeln, Gurken und Äpfel mit der Sahnesauce vermischen. Die Matjesheringe hineinlegen. Zugedeckt über Nacht ziehen lassen. Dazu schmecken Petersilienkartoffeln oder Schwarzbrot und ein kühles Pils.

Hecht mit Sahnesauce

Für 4 Portionen

- 1 küchenfertiger Hecht (etwa 1 ½ kg)
- Salz
- Pfeffer
- 50 g Butter
- 1 Zwiebel
- 1 Lorbeerblatt
- 350 g saure Sahne
- 4 EL Reibekäse
- Saft von 1 Zitrone
- 4 EL gehackter Dill

1 Den Backofen auf 200 °C (Gas Stufe 3, Umluft 180 °C) vorheizen. Den Hecht abspülen und in Portionsstücke teilen, die Stücke mit Salz und Pfeffer einreiben. Eine feuerfeste Form mit der Hälfte der Butter einfetten, den Fisch hineinlegen.

2 Die Zwiebel schälen und fein hacken, zusammen mit dem Lorbeerblatt zum Fisch geben. Zwei Drittel der sauren Sahne zufügen. Die restliche Butter in Flöckchen aufsetzen.

3 Im vorgeheizten Backofen 25 Minuten garen. Den Fisch dabei hin und wieder mit der restlichen Sahne begießen. Mit dem Reibekäse bestreuen, weitere 5 Minuten backen.

4 Das Lorbeerblatt entfernen. Das Gericht mit dem Zitronensaft abschmecken, mit dem Dill bestreuen.

Meißner Wurzelkarpfen

Für 4 Portionen

- 1 küchenfertiger Karpfen (1,5 kg)
- 1 Bund Wurzelwerk
- 2 Möhren
- 1 Stange Lauch
- 2 EL Öl
- Salz
- Pfeffer
- 1 Lorbeerblatt
- 80 g Butter
- ½ l trockener Weißwein
- 3 EL gehackte Petersilie

1 Den Karpfen waschen, trocken tupfen und in Portionsstücke zerteilen, dabei Kopf und Schwanz entfernen.

2 Das Gemüse putzen, waschen und klein schneiden. Das Öl erhitzen und das Gemüse hineinlegen. Die Karpfenstücke obenauf schichten. Mit Salz und Pfeffer würzen und das Lorbeerblatt zufügen. Butterflöckchen aufsetzen, den Weißwein angießen. Zugedeckt 20 Minuten bei mittlerer Hitze dünsten.

3 Die Karpfenstücke auf eine vorgewärmte Platte legen und mit Petersilie bestreuen. Die Sauce durch ein Sieb streichen, dabei das Gemüse mit durchdrücken. Die würzige Sauce mit Salzkartoffeln zum Karpfen reichen.

Mandelforelle

- 4 küchenfertige Forellen
- Salz
- Pfeffer
- 2 EL Mehl
- 50 g Margarine
- 8 Zitronenscheiben
- 100 g Butter
- 4 EL geröstete Mandelblättchen

Für 4 Portionen *Siehe Foto Seite 75*

1 Die Forellen waschen, trocken tupfen, innen und außen mit Salz und Pfeffer einreiben, danach im Mehl wälzen.

2 In einer Pfanne die Margarine erhitzen, die Forellen hineingeben und auf jeder Seite 8 Minuten braten. Herausnehmen, mit den Zitronenscheiben anrichten.

3 Die Butter zerlassen, über die Forellen geben und die Mandelblättchen daraufstreuen.

Aal mit Kartoffeln

- 1 kg Kartoffeln
- Salz
- 750 g frischer Aal
- 2 EL Butter
- 4 EL Mehl
- ¼ l Sahne
- Pfeffer
- Frisch geriebener Muskat
- ½ Bund gehackte Petersilie

Für 4 Portionen

1 Die Kartoffeln schälen und in Scheiben schneiden. Die Scheiben in 1 Liter Salzwasser geben, zum Kochen bringen, 15 Minuten garen.

2 Den Aal enthäuten, säubern, in mundgerechte Stücke schneiden.

3 Butter und Mehl verkneten, die Kartoffelsuppe damit binden. Die Sahne angießen. Die Aalstücke hineinlegen und bei kleiner Hitze 10 Minuten ziehen lassen. Mit Salz, Pfeffer und Muskat würzen. Mit gehackter Petersilie bestreuen.

AUCH FISCH KAM AUF DEN TISCH

Seefisch war knapp – aber eine gebackene Makrele oder eine Mandelforelle konnte man auftischen. Und zu Silvester, mitunter auch am Weihnachtsabend, war der Karpfen Stammgast. In Delikatläden wurde Aal angeboten. Ab und zu gönnte man sich auch diesen (nicht gerade billigen) Schmaus.

Gebackene Makrele

Für 4 Portionen

- 6 küchenfertige Makrelen
- Salz
- Pfeffer
- 50 g Butter
- ½ l saure Sahne
- 2 EL gehackter Dill
- 100 g Reibekäse
- 100 g Semmelbrösel

1 Die gesäuberten Makrelen filetieren und mit Salz und Pfeffer würzen. Den Backofen auf 180 °C (Gas Stufe 2, Umluft 160 °C) vorheizen. Eine feuerfeste Form mit Butter ausstreichen, die Makrelen hineinlegen.

2 Die saure Sahne mit dem Dill vermischen und über den Fisch gießen. Käse und Semmelbrösel daraufstreuen. Die restliche Butter in Flöckchen obenauf geben. Im vorgeheizten Backofen 25 Minuten backen.

KARTOFFELN, GEMÜSE & KLÖSSE

Reichlich Kartoffeln mit ein bisschen Wurst, Speck oder Fleisch versprechen leckere Hauptgerichte. Und Gemüse muss sein: Kräftiger Kohl, knackige Schwarzwurzeln, Bohnen, Rübchen oder Gurken bereichernten den Mittagstisch. Und Klöße dürfen nicht fehlen! Keiner weiß, wie viele davon in zahllosen nassen Händen gedreht wurden …

Geschockte mit Krickelkaas

Für 4 Portionen *Siehe Foto Seite 76*

Krickelkaas:
- 1 kg Quark
- Salz
- 1 EL Kümmel

Geschockte:
- 800 g Kartoffeln
- Salz
- 200 g durchwachsener Speck
- 3 Zwiebeln
- 2 EL Öl
- Salz

1 Für den Krickelkaas den Quark auspressen und in einen Tontopf geben. Den Topf mit einem Tuch bedecken und 3 bis 4 Tage in einen warmen Raum stellen. Sobald die oberste Schicht glasig wird, den Kaas mit Salz und Kümmel verrühren.

2 Kartoffeln schälen, waschen und in grobe Stücke schneiden. In Salzwasser garen, Wasser abgießen.

3 Den Speck in kleine Würfel schneiden, in einer Pfanne kross ausbraten, herausnehmen, beiseite stellen. Die Zwiebeln schälen, fein hacken, im Speckfett knusprig braten.

4 Speckwürfel zugeben, die Kartoffeln darin schwenken. Die Kartoffeln salzen und abschmecken. Anschließend zusammen mit dem Krickelkaas servieren.

Schusterpfanne

Für 4 Portionen

- 1 kg Kartoffeln
- 4 Birnen
- 2 Scheiben Schweinebauch (à 300 g)
- 1 TL Kümmel
- 1 TL Beifuß
- Salz
- Pfeffer
- 1⁄8 l Weißwein
- Einige Petersiliensträußchen

1 Die Kartoffeln schälen und in Scheiben schneiden. Die Birnen achteln, Kernhaus entfernen. Schweinebauch in 4 Zentimeter breite Streifen schneiden.

2 Den Backofen auf 200 °C (Gas Stufe 3, Umluft 180 °C) vorheizen. Eine Schmorpfanne mit Deckel einfetten, die Hälfte der Kartoffelscheiben einschichten, darauf Hälfte des Schweinebauchs und die Birnen geben.

3 Mit dem restlichen Schweinebauch bedecken. Die restlichen Kartoffeln obenauf schichten und mit Kümmel, Beifuß, Salz und Pfeffer würzen. 1⁄4 Liter Wasser und den Wein zugeben. Zugedeckt 20 Minuten garen.

4 Die Pfanne ohne Deckel in den vorgeheizten Backofen stellen und etwa 8 Minuten bräunen lassen. Vor dem Servieren mit Petersiliensträußchen garnieren.

Weimarer Zampe und Rotwurst

Rotwurst:

- 4 Zwiebeln
- 4 Äpfel
- 125 g Butter
- 8 dicke Scheiben Rotwurst (à 125 g)

Zampe:

- 1 kg Kartoffeln
- Salz
- 2 EL Kartoffelmehl
- 100 ml lauwarme Milch
- Butter zum Ausbraten

Für 4 Portionen

1 Die Zwiebeln schälen und in feine Ringe schneiden. Die Kerngehäuse aus den Äpfeln ausstechen, die Äpfel ungeschält in Scheiben schneiden. In einer Pfanne 50 Gramm Butter zerlassen, die Apfelscheiben hineinlegen und andünsten. Herausnehmen und warm stellen.

2 In der Pfanne 50 Gramm Butter zerlassen, die Rotwurstscheiben hineinlegen und auf beiden Seiten knusprig braten. Auf den Apfelscheiben anrichten. Warm stellen.

3 Die restliche Butter in der Pfanne erhitzen, die Zwiebelringe hineingeben und goldbraun braten. Auf den Blutwurstscheiben anordnen. Warm stellen.

4 Für die Zampe die Kartoffeln schälen, waschen, grob zerkleinern, in Salzwasser weich kochen, abgießen.

5 Die Kartoffeln stampfen, Kartoffelmehl und Milch unterrühren. Die Masse soll nicht zu weich werden. Den Brei mit Salz abschmecken.

6 Aus dem Brei handtellergroße Fladen formen. In einer Pfanne Butter erhitzen, die Fladen darin auf beiden Seiten knusprig braten. Die Rotwurstscheiben auf einer Platte anrichten, mit der Zampe servieren.

Flockzamet

- 1 kg Kartoffeln
- Salz
- 1 EL Kartoffelmehl
- ⅛ l Schlagsahne
- 80 g Butter

Für 4 Portionen

1 Die Kartoffeln schälen, waschen, grob zerkleinern, in Salzwasser garen. Das Wasser abgießen, anschließend die Kartoffeln gründlich zerstampfen.

2 Kartoffelmehl und Sahne unterrühren. Salzen, kurz erhitzen. Mit Esslöffel Flocken abstechen, auf vorgewärmte Teller füllen. Gebräunte Butter darübergießen.

Handwerksbürschle

Für 4 Portionen *Siehe Foto oben*

- 4 Semmeln
- 80 g Butter
- 1 kg Kartoffeln
- Salz
- 2 Eier
- 1 EL Stärkemehl
- 1 EL gehackte Zwiebel
- 1 Knoblauchzehe
- Leinöl zum Ausbacken

1 Die Semmeln in feine Würfelchen schneiden. In einer Pfanne die Butter erhitzen, die Semmelwürfel darin goldbraun braten.

2 Die Kartoffeln schälen und fein reiben. Die Masse ausdrücken und mit dem Salz, den Eiern, dem Stärkemehl, der Zwiebel, der ausgedrückten Knoblauchzehe zu einem festen, aber weichen Teig vermischen. Zuletzt die vorbereiteten Semmelwürfel untermengen.

3 In einer Pfanne das Leinöl erhitzen, die Kartoffelmasse portionsweise hineingeben, die so entstehenden Puffer auf beiden Seiten goldbraun braten und sofort servieren. Schmeckt allein oder zum Braten.

Kartoffelpuffer mit Schinken

- 1 kg Kartoffeln
- 200 g abgetropfter Quark
- 2 Eier
- 1 TL Salz
- 100 g roher Schinken
- Bratfett

Für 4 Portionen

1 Die Kartoffeln schälen, waschen und grob reiben. Die Masse in ein Leinentuch geben, den Kartoffelsaft herauspressen.

2 Die ausgepresste Kartoffelmasse mit dem Quark, den Eiern und dem Salz vermengen. Den Schinken in kleine Würfel schneiden und ebenfalls untermischen.

3 In einer Pfanne das Fett erhitzen. Aus der Masse kleine ovale Puffer formen, in die Pfanne legen und auf beiden Seiten goldbraun braten. Kopfsalat dazu reichen.

Himmel und Erde

- 1 kg Kartoffeln
- Salz
- 1 kg Birnen
- Saft von 1 Zitrone
- ½ TL abgeriebene Zitronenschale
- 1 EL Zucker
- ⅛ l Milch
- 4 EL Schlagsahne
- 1 Prise Muskat
- 100 g durchwachsener Speck
- 2 Zwiebeln
- 30 g Butter
- 4 Blutwurstscheiben à 100 g (ersatzweise Fleischwurst oder Leberscheiben)

Für 4 Portionen *Siehe Foto Seite 81*

1 Die Kartoffeln schälen und in Salzwasser garen. Die Birnen ebenfalls schälen, in Stücke schneiden, das Kernhaus entfernen. In wenig Wasser mit dem Zitronensaft, der -schale und dem Zucker gar dünsten.

2 Die Kartoffeln abgießen und stampfen. Milch und Sahne erhitzen, mit Salz, Muskat, Birnenstücken und etwas Birnensaft verquirlen und zur Kartoffelmasse geben. Alles in eine Schüssel füllen.

3 Den Speck in kleine Würfel schneiden. Die Zwiebeln schälen und fein hacken. Die Butter erhitzen, Speck und Zwiebeln zugeben und goldgelb braten. Herauslöffeln und über dem Brei verteilen. Im Bratfett die Wurstscheiben auf beiden Seiten knusprig braten und auf dem Brei anrichten.

Grüne Bolze

Für 4 Portionen

- 1 kg Kartoffeln
- 2 EL Mehl
- 100 ml Milch
- 2 Eier
- Salz
- 50 g Butter
- 250 g Schinkenspeck

1 Die Kartoffeln schälen, waschen, reiben und etwas ausdrücken. Die Kartoffelmasse mit dem Mehl, der Milch und den Eiern vermengen und leicht salzen.

2 In einer Pfanne die Butter erhitzen, die Masse 2 Zentimeter dick einfüllen, von beiden Seiten knusprig braten und in mundgerechte Stücke schneiden. Warm stellen.

3 Den Speck in kleine Würfel schneiden, kross ausbraten, die Bolzestücke zugeben und 5 Minuten mitbraten. Apfelmus dazu reichen.

Bratkartoffeln mit Kümmel

- 1 kg Kartoffeln
- 6 EL Öl
- Salz
- Pfeffer
- Kümmel
- 2 Knoblauchzehen
- 1 Bund Schnittlauch
- 250 g stichfeste saure Sahne

Für 4 Portionen *Siehe Foto unten*

1 Die Kartoffeln schälen und in dünne Scheiben schneiden. In einer Pfanne das Öl erhitzen, die Kartoffelscheiben hineingeben. Mit Salz, Pfeffer und Kümmel würzen. Die Knoblauchzehen schälen, fein hacken, in die Pfanne geben.

2 Die Kartoffelscheiben knusprig braten. Den Schnittlauch fein schneiden, mit der sauren Sahne vermischen, mit Salz und Pfeffer würzen. Kartoffeln und die Schnittlauchsahne auf Tellern verteilen. Bratwurst oder gebratene Blutwurst dazu reichen.

Backhauskartoffeln

Für 4 Portionen

- 1 Zwiebel
- 400 g Schweinekamm ohne Knochen
- 1 Lorbeerblatt
- 4 Gewürzkörner
- 2 Nelken
- Salz
- 6 aromatische Birnen
- 8 mittelgroße Kartoffeln
- 1 EL Kümmel
- 100 g Butter

1 Zwiebel schälen, zerkleinern, mit Fleisch, Lorbeerblatt, Gewürzkörnern, Nelken, Salz in einen Topf geben. So viel Wasser angießen, bis das Fleisch bedeckt ist. Zum Kochen bringen und 45 Minuten köcheln lassen.

2 Die Birnen waschen, Stiele und Blütenansätze entfernen. Die Birnen im Ganzen und ungeschält in eine feuerfeste Form legen.

3 Die Kartoffeln schälen, waschen, halbieren und rings um die Birnen anordnen, sodass jede Lücke gefüllt ist. Mit Kümmel und Salz würzen. Die Butter in Flöckchen aufsetzen. Währenddessen den Backofen auf 200 °C (Gas Stufe 3, Umluft 180 °C) vorheizen.

4 Das gekochte Fleisch auf die Birnen legen, die Brühe durch ein Sieb geben und angießen.

5 Den Auflauf im vorgeheizten Backofen 30 Minuten garen und nach dem Herausholen sofort servieren.

Dicker Hannes

Für 4 Portionen

- 2 Zwiebeln
- 250 g durchwachsener Speck
- 2,5 kg Kartoffeln
- Salz
- 2 Eier
- 50 g Schweineschmalz
- 1 l Sahne
- 50 g Butter

1 Die Zwiebeln schälen und fein hacken. Den Speck in Streifen schneiden. Die Kartoffeln schälen, reiben und auspressen. Kartoffeln mit Zwiebeln, Salz und Eiern vermischen.

2 Den Backofen auf 200 °C (Gas Stufe 3, Umluft 180 °C) vorheizen. Eine Auflaufform mit Schweineschmalz einfetten, die Hälfte der Kartoffelmasse hineingeben und mit Speckstreifen belegen. Die restliche Kartoffelmasse obenauf geben und mit der Sahne begießen.

3 Butterflöckchen auf den Auflauf setzen. 45 Minuten backen. Apfelmus dazu reichen.

Kartoffelauflauf mit Heringsfilet

- 8 Heringsfilets
- 1 kg Kartoffeln
- 50 g Butter
- 4 Eier
- 125 g saure Sahne
- Salz
- Frisch gemahlener weißer Pfeffer
- 1 Bund Schnittlauch

Für 4 Portionen *Siehe Foto Seite 85*

1 Die Heringsfilets in einer Schüssel 2 Stunden wässern lassen, herausnehmen, trocken tupfen und in Streifen schneiden.

2 Die Kartoffeln in der Schale kochen, abgießen, pellen und in Scheiben schneiden. Während die Kartoffeln garen, den Backofen auf 200 °C (Gas Stufe 3, Umluft 180 °C) vorheizen.

3 Eine Auflaufform mit der Butter ausstreichen, die Kartoffelscheiben und den Hering schichtweise hineingeben. Eier und saure Sahne verrühren, mit Salz und Pfeffer würzen und darüber gießen.

4 Im vorgeheizten Backofen etwa 25 Minuten garen. Vor dem Servieren mit Schnittlauch garnieren.

Kartoffelsalat mit Fleischwurst

- 750 g Kartoffeln
- 100 g durchwachsener Speck
- 2 EL Öl
- 2 EL gehackte Zwiebel
- ¼ l Fleischbrühe
- Salz, Pfeffer
- 1 Prise Zucker
- 3 EL Weinessig
- 250 g Fleischwurst
- Je 1 EL gehackte Petersilie und Schnittlauch

Für 4 Portionen

1 Kartoffeln in der Schale kochen, abgießen, pellen, in Scheiben schneiden, in eine Schüssel füllen.

2 Den Speck in kleine Würfel schneiden. In einer Pfanne das Öl erhitzen, Speck und Zwiebel hineingeben und kross braten. Die Brühe angießen und mit Salz, Pfeffer, Zucker und Essig würzen. Kurz aufkochen lassen und über die Kartoffelscheiben geben.

3 Die Fleischwurst in gleichmäßig große Würfel schneiden und zusammen mit den Kräutern unter den Salat mischen.

Bröckelkloß und Kalbsleber

Bröckelkloß:

- 1 kg gekochte Kartoffeln
- Salz, Pfeffer
- 120 g Butter

Kalbsleber:

- 800 g Kalbsleber
- 150 g Butter
- 2 EL Zwiebelwürfel
- 200 g Steinpilze
- ⅛ l Rotwein
- ¼ l Fleischbrühe
- 2 EL Schlagsahne
- Salz, Pfeffer
- 2 EL gehackte Petersilie

Für 4 Portionen *Siehe Foto Seite 87*

1 Die Kartoffeln zerdrücken oder durch die Kartoffelpresse geben. Mit Salz und Pfeffer würzen. In einer Pfanne 30 Gramm Butter erhitzen, ein Viertel der Kartoffelmasse einfüllen und bei milder Hitze auf einer Seite goldbraun braten.

2 Den Bröckelkloß mit der gebratenen Seite nach oben auf einen Teller geben und warm stellen. Auf die gleiche Weise 3 weitere Bröckelklöße zubereiten.

3 Die Kalbsleber häuten und in Streifen schneiden. In einer Pfanne die Hälfte der Butter erhitzen, die Leber zugeben, anbraten, herausnehmen und warm stellen. Die Zwiebelwürfel in die gleiche Pfanne geben. Die Steinpilze putzen, in Scheiben schneiden und beiseite stellen.

4 Die Pilzreste zu den Zwiebeln in die Pfanne geben, erhitzen, mit Rotwein ablöschen und 5 Minuten köcheln lassen. Die Fleischbrühe angießen, weitere 10 Minuten köcheln lassen. Vom Herd nehmen, den Fond durch ein Sieb passieren. Die Sahne einrühren.

5 Die Leber mit Salz und Pfeffer würzen, in die Sauce geben und mit der Petersilie bestreuen. Die restliche Butter erhitzen, die Steinpilze darin schwenken, zur Kalbsleber geben. Den Bröckelkloß dazu reichen.

DAS GEHEIMNIS DES SAUCENKUCHENS

Saucenkuchen, eine Art Lebkuchen, dienten zum Andicken und Verfeinern von Saucen. Außerdem färbten sie die Saucen dunkel. Saucenkuchen kann man in etwas Flüssigkeit einweichen, reiben oder grob zerkleinern, bevor sie zur Sauce gegeben werden. Wenn die Sauce nicht ausreichte, griff man zu »Sofix«, einem Instant-Saucenpulver. Und natürlich experimentierte man mit Gewürzen und Kräutern aller Art.

Kartoffeltopf mit Rotwurst

Für 4 Portionen

- 1 kg Kartoffeln
- 500 g Rotwurst
- 50 g Butter
- 2 EL gehackte Zwiebeln
- 2 EL Mehl
- 3/4 l Milch
- 100 ml Weißwein
- Salz, Pfeffer
- 1 Messerspitze frisch geriebene Muskatnuss
- 3 EL gehackte Petersilie

1 Die Kartoffeln in der Schale kochen, abgießen, pellen und in Scheiben schneiden. Die Rotwurst in mundgerechte Würfel schneiden.

2 In einer Pfanne die Butter erhitzen, die Zwiebeln hineingeben und glasig werden lassen. Das Mehl darüber stäuben und leicht bräunen. Die Milch angießen und 5 Minuten unter Rühren köcheln lassen.

3 Rotwurst und Kartoffeln zugeben und erhitzen. Den Weißwein einrühren, mit Salz, Pfeffer und Muskat würzen. Die Petersilie aufstreuen.

Pellkartoffeln mit Quark

- 1 kg Kartoffeln
- Salz
- 1 TL Kümmel
- 500 g Quark
- 4 EL Milch
- Pfeffer
- 2 Zwiebeln
- 4 EL Leinöl
- ½ Bund Petersilie

Für 4 Portionen

1 Die Kartoffeln in Salzwasser garen, dabei auch den Kümmel hinzufügen.

2 Den Quark in eine Schüssel geben, mit der Milch verrühren und mit Salz und Pfeffer würzen. Die Zwiebeln schälen und fein hacken. In die Mitte der Quarkmasse eine Vertiefung drücken, die Zwiebeln hineingeben. Das Leinöl mit einem Löffel darüber verteilen.

3 Die Petersilie hacken und über den Quark streuen. Die Kartoffeln pellen und mit dem Quark anrichten.

Hackus und Knieste

- 12 mittelgroße Kartoffeln
- Öl
- Salz
- 1 EL Kümmel
- 500 g Gehacktes vom Schwein
- Pfeffer
- 1 Zwiebel
- 1 Glas Gewürzgurken aus dem Spreewald

Für 4 Portionen

1 Den Backofen auf 200 °C (Gas Stufe 3, Umluft 180 °C) vorheizen. Die Kartoffeln waschen, bürsten, trocknen und halbieren.

2 Ein Backblech einfetten, die Kartoffeln mit der Schnittfläche auf das Backblech legen und mit Salz und Kümmel bestreuen. Im vorgeheizten Backofen 30 Minuten backen.

3 Das Schweinehackfleisch in eine Schüssel füllen, mit Salz und Pfeffer nach Belieben würzen. Die Zwiebel schälen, fein hacken, zum Fleisch geben und alle Zutaten gut miteinander vermengen.

4 Das Fleisch mit den Gewürzgurken und den Kartoffeln, der sogenannten Knieste, servieren.

Hoppelpoppel

Für 4 Portionen *Siehe Foto unten*

- 800 g Kartoffeln
- 250 g Bratenrest oder Kochschinken
- 1 Zwiebel
- Schweineschmalz zum Braten
- 4 Eier
- Salz

1 Die Kartoffeln in der Schale kochen, pellen, in Scheiben schneiden. Das Fleisch in Würfel schneiden. Die Zwiebel schälen und fein hacken.

2 Schmalz erhitzen, die Zwiebel zugeben und glasig werden lassen. Kartoffeln und Fleisch zufügen, alles knusprig braten.

3 Die Eier mit dem Salz verquirlen, über die Kartoffeln gießen und stocken lassen. Sofort servieren. Als Beilage eignet sich Feldsalat.

Schmorgurken

- 2 kleine Schmorgurken
- 50 g Butter
- 1 EL Mehl
- 1/8 l Milch
- Salz, Pfeffer
- 1 Prise Zucker
- 1 kleines Glas Weißwein
- 50 g fein gewürfelten Kochschinken
- 1 Bund gehackter Dill

Für 4 Portionen *Siehe Foto Seite 91*

1 Die Gurken schälen, halbieren, entkernen und in Scheiben schneiden. Die Butter in einem Topf zerlassen, das Mehl darin anschwitzen.

2 Die Milch unterrühren, einmal aufkochen lassen, dann die Gurkenstücke zufügen. Bei kleiner Hitze 20 Minuten garen.

3 Mit Salz, Pfeffer, Zucker und Weißwein abschmecken. Die Schinkenwürfel untermengen. Vor dem Servieren mit dem Dill bestreuen.

Mecklenburger Wruken

- 750 g Schweinebauch
- Salz
- 1 Bund Wurzelwerk
- 1 Zwiebel, gespickt mit 1 Lorbeerblatt und 2 Nelken
- 5 zerdrückte Wacholderbeeren
- 1 kg Kohlrüben (Wruken)
- 2 EL gehackte Zwiebel
- 50 g Margarine
- 1 EL Mehl
- 150 ml Sahne
- Pfeffer
- 1 TL gerebelter Majoran
- 1/2 Bund gehackte Petersilie

Für 4 Portionen

1 Das Fleisch in einen Topf geben. 1 Teelöffel Salz und 1 Liter Wasser zufügen. Das Wurzelwerk putzen und grob zerkleinern, mit der gespickten Zwiebel und den Wacholderbeeren zum Fleisch geben. Zum Kochen bringen, eine Stunde garen.

2 Kohlrüben schälen, holzige Teile entfernen, Rüben in 4 Zentimeter große Würfel schneiden. Gehackte Zwiebel in der Margarine glasig dünsten, Rüben zugeben und so viel von der Fleischkochbrühe zugießen, bis die Kohlrüben bedeckt sind. Das Gemüse 20 Minuten garen.

3 Das Mehl mit der Sahne verrühren, das Gemüse damit binden. Mit Salz, Pfeffer und Majoran würzen. Einmal aufkochen lassen und die Petersilie zufügen. Den Schweinebauch in Scheiben schneiden und mit dem Gemüse servieren.

Kleine Rübenkunde Die Kohl- oder Steckrübe ist ein lagerfähiges Wintergemüse und gehört zu den Kreuzblütlern wie der Raps oder der Senf. Sie ist rundlich und hat ein weißes bis gelbliches Fleisch. Ihr Geschmack ist besser als ihr Ruf, und sie wird gern in Eintöpfen verwendet.

Gefüllter Krautkopf

1 Weißkohl
Salz
1 Semmel
2 Zwiebeln
2 Möhren
100 g Sellerie
50 g Margarine
500 g Gehacktes (halb Schwein, halb Rind)
1 Ei
½ TL gerebelter Majoran
½ TL Kümmel
Pfeffer
Öl für die Alufolie

Für 4 Portionen

1 Den Kohl waschen, die welken Blätter entfernen. Den ganzen Kohl 10 Minuten in Salzwasser kochen. Herausnehmen und abtropfen lassen.

2 Die Semmel in kaltem Wasser einweichen. Die Zwiebeln schälen und hacken. Möhren und Sellerie putzen und klein schneiden. Die Margarine erhitzen, Zwiebeln, Möhren und Sellerie dazugeben. Etwas Wasser angießen, alles 5 Minuten dünsten. Vom Herd nehmen, auskühlen lassen.

3 Die Zwiebelmasse mit dem Gehackten, der eingeweichten und ausgedrückten Semmel, dem Ei und den Gewürzen vermischen. Den Kohlkopf vom Strunk befreien, aushöhlen und mit der Fleischmasse füllen. Die Öffnung mit Kraut abdecken. Den Backofen auf 200 °C (Gas Stufe 3, Umluft 180 °C) vorheizen.

4 Ein Blatt Alufolie mit Öl bestreichen, den Kohlkopf darin einschlagen und die Folie fest zukniffen. Im vorgeheizten Backofen 35 Minuten garen. Dann die Folie öffnen, den Krautkopf 5 Minuten überbacken. Mit Majoran bestreute Salzkartoffeln dazu reichen.

THÜRINGER GEMÜSEMÄRCHEN

In Erfurt, der Hochburg des Gemüseanbaus, wachsen dicke Kohlköpfe mit Blumenkohl, Kohlrabi, Wirsing und Puffbohnen um die Wette. Warum das Gemüse in Thüringen so gut gedeiht? Dafür sorgen die kleinen bunten Gartenzwerge, die in den Gärten stehen und ihr Reich bewachen. Jedes Jahr nach dem Winterschlaf werden sie aufs Neue bemalt, aufgeputzt und aufgestellt. Ihr Geburtsort ist Gräfenroda. Wer diese drolligen Gartenbewohner – manch ein Gartenfreund hatte mehrere, denn Gartenzwerge sind gesellig – zu DDR-Zeiten sein Eigen nannte, konnte sich glücklich schätzen, denn sie waren Mangelware.

Teltower Rübchen

Für 4 Portionen *Siehe Foto oben*

- 750 g Teltower Rübchen
- 60 g Butter
- 1 EL Zucker
- ⅛ l Fleischbrühe
- 150 g frische Steinpilze
- 2 Zwiebeln
- Salz, Pfeffer
- 500 g Rinderfilet
- 2 EL Öl
- 1 EL Mehl
- ¼ l saure Sahne

1 Die Rübchen putzen und halbieren. Die Hälfte der Butter zerlassen, den Zucker einrühren und karamellisieren lassen. Die Rübchen hineingeben und die Fleischbrühe angießen. Bei kleiner Hitze 20 Minuten garen.

2 Die Pilze putzen und in Stücke schneiden. Die Zwiebeln schälen, fein hacken, in der restlichen Butter glasig dünsten. Die Pilze zufügen. Salz und Pfeffer aufstreuen, alles 10 Minuten dünsten.

3 Das Rinderfilet in dünne Scheiben schneiden, in Öl anbraten, mit Mehl bestäuben. Die saure Sahne, die Rübchen mit der Garflüssigkeit und die Pilze untermischen. Mit Salz und Pfeffer abschmecken. Petersilienkartoffeln eignen sich dazu hervorragend als Beilage.

Apfelrotkohl

1 kg Rotkohl
100 g Schweineschmalz
Salz
4 EL Zucker
6 EL Essig
6 EL Rotwein
2 Äpfel

Für 4 Portionen *Siehe Foto unten*

1 Den Rotkohl putzen, waschen und in feine Streifen schneiden.

2 In einem Topf das Schweineschmalz erhitzen, das Kraut zufügen und andünsten. Das Salz, den Zucker, den Essig und den Rotwein verrühren, eine Tasse Wasser dazugeben, alles 25 Minuten garen.

3 Die Äpfel schälen, in kleine Würfelchen schneiden, dabei das Kernhaus entfernen. Die Äpfel zum Rotkraut geben. Weitere 10 Minuten garen.

Leipziger Allerlei

Für 4 Portionen

- 200 g Möhren
- 200 g Spargel
- 200 g Prinzessbohnen
- 200 g Morcheln
- 1 Blumenkohl (etwa 300 g)
- ¼ l Milch
- 200 g Butter
- Salz
- 1 EL Zucker
- 2 EL Krebsbutter
- 1 Bund Petersilie
- Krebsschwänze von gegarten Flusskrebsen

1 Möhren, Spargel, Bohnen, Morcheln und Blumenkohl putzen. Morcheln kurz überbrühen. Spargel und Bohnen in Stücke, Möhren und Morcheln in feine Scheiben schneiden, Blumenkohl in Röschen teilen.

2 Zu einem Viertelliter Wasser die Milch gießen und die Blumenkohlröschen hineingeben, zum Kochen bringen und 10 Minuten bei geringer Hitze garen. 50 Gramm Butter zerlassen und die Morcheln darin ebenfalls 10 Minuten garen.

3 Möhren in Salzwasser mit dem Zucker, Spargel und Bohnen jeweils getrennt in Salzwasser 10 Minuten garen. Dabei darauf achten, dass das Gemüse bissfest bleibt.

4 Das Gemüse ohne die Morcheln in der restlichen, zerlassenen, gesalzenen Butter schwenken und auf einer Platte anrichten. Die Morcheln obenauf legen. Alles mit zerlassener Krebsbutter überglänzen.

5 Die Petersilie waschen, abtropfen lassen. Für die Garnitur kleine Sträußchen davon machen und auf das Allerlei legen. Die Krebsschwänze aus der Schale nehmen und auf dem Gemüse anrichten.

ALLERLEI

Unter Leipziger Allerlei versteht man neben der klassischen Art auch einen Eintopf aus vielerlei Gemüsesorten, Rindfleisch, Brühe, Kartoffelstückchen und Kräutern. Noch immer ist man im Leipziger Raum geteilter Meinung über das berühmt gewordene Gericht. Die einen verstehen darunter einen Eintopf (»änne Friehlinkssubbe«), andere die mit Morcheln und Krebsschwänzen angerichtete Gemüsebeilage. Aber gestritten wird deswegen nicht: Hauptsache, es schmeckt! Überhaupt nicht einverstanden ist man aber damit, dass der Name »Leipziger Allerlei« auf ein Mischgemüse aus der Dose übertragen wurde.

Krauttopf

- 750 g Weißkohl
- 2 Zwiebeln
- 1 l Fleischbrühe
- Salz, Pfeffer
- 2 EL Butter
- 1/8 l Weißwein
- 2 EL Essig
- 1 Prise gemahlene Nelke
- 1 Prise Muskat
- 2 EL Zucker
- 100 g Speck
- 4 Schwarzbrotscheiben

Für 4 Portionen

1 Den Weißkohl putzen, waschen und klein schneiden. Die Zwiebeln schälen und fein schneiden.

2 Weißkohl, Zwiebeln, Fleischbrühe, Salz, Pfeffer und Butter in einen Topf füllen, zum Kochen bringen und 20 Minuten köcheln lassen.

3 Weißwein, Essig, die restlichen Gewürze und den Zucker unterrühren. Zugedeckt weitere 10 Minuten garen.

4 Den Speck in kleine Würfel schneiden, kross ausbraten, zum Weißkohl geben. Mit Brotscheiben servieren.

Gefüllte Zwiebeln

- 4 große Zwiebeln
- 1 l Fleischbrühe
- 250 g Gehacktes (halb Rind, halb Schwein)
- Salz
- Knoblauchsalz
- Pfeffer
- 1/2 TL abgeriebene Schale von 1 unbehandelten Zitrone
- 1 Bund Petersilie
- 1 hart gekochtes Ei
- 2 EL Reibekäse
- 1 EL Butter

Für 4 Portionen

1 Die Zwiebeln schälen und im Ganzen in der Brühe zum Kochen bringen. 10 Minuten garen. Die Zwiebeln halbieren, etwas vom Inneren herauslösen. Den Backofen auf 200 °C (Gas Stufe 3, Umluft 180 °C) vorheizen.

2 Das Gehackte mit Salz, Knoblauchsalz, Pfeffer und Zitronenschale vermischen. Die Petersilie, das Ei und das Innere der Zwiebeln fein hacken und unter die Hackfleischmasse mischen. Die Masse in die ausgehöhlten Zwiebeln geben.

3 Eine Auflaufform einfetten, die Zwiebeln hineinsetzen, etwas Brühe angießen. Im vorgeheizten Backofen 10 Minuten garen. Dann den Käse und Butterflöckchen auf die Zwiebeln geben und alles etwa 5 Minuten überbacken.

Stötteritzer Hemdbohnen

Für 4 Portionen *Siehe Foto oben*

- 1 kg grüne Bohnen
- Salz
- 6 Eier
- Pfeffer
- 2 EL Mehl
- Öl zum Ausbacken

1 Die Bohnen putzen und waschen. Mit Salzwasser bedeckt zum Kochen bringen. 10 Minuten garen. Herausnehmen, abtropfen lassen. Jeweils 5 Bohnen mit Küchengarn zusammenbinden.

2 Die Eier trennen. Eigelb, Salz und Pfeffer verrühren, das Mehl einrühren und zu einem glatten Teig verarbeiten. Eiweiß steif schlagen und unter den Teig ziehen.

3 Die verschnürten Bohnenpäckchen in den Teig tauchen und in erhitztem Öl schwimmend ausbacken. Herausnehmen, kurz abtropfen lassen und sofort heiß servieren.

Kohlrouladen

- 1 Semmel
- 1 Weißkohl
- Salz
- 500 g Gehacktes (halb Schwein, halb Rind)
- 1 Zwiebel
- Salz
- Pfeffer
- 1 Prise Muskat
- ½ TL gemahlener Kümmel
- 1 EL gehackte Petersilie
- 50 g Margarine
- ½ l Fleischbrühe
- 100 ml Sahne
- 1 EL Mehl

Für 4 Portionen *Siehe Foto unten*

1 Semmel in kaltem Wasser einweichen. Weißkohl putzen, vom Strunk befreien, einige Minuten in Salzwasser köcheln lassen. Herausnehmen, auskühlen lassen, dann die Blätter ablösen und die dicken Rippen entfernen. Je 2 bis 3 Blätter übereinanderlegen, salzen.

2 Das Gehackte in eine Schüssel geben. Die Zwiebel schälen und fein hacken. Mit der ausgedrückten Semmel, Salz, Pfeffer, Muskat, Kümmel und der Petersilie zum Fleisch geben, alles gut verkneten.

3 Fleischmasse auf den Kohlblättern verteilen. Kohlblätter zusammenrollen, mit Küchengarn oder Rouladennadeln zusammenhalten.

4 In einem Topf die Margarine erhitzen, die Kohlrouladen hineinlegen und ringsum braun braten. Fleischbrühe angießen. Zugedeckt 50 Minuten garen. Die Kohlrouladen herausnehmen, das Garn oder die Rouladennadeln entfernen. Sahne und Mehl verrühren, die Sauce damit binden. Salzen, pfeffern. Petersilienkartoffeln oder Püree dazu reichen.

Rosenkohl

Für 4 Portionen

- 1 kg Rosenkohl
- Salz
- 100 g durchwachsener Speck
- 2 Zwiebeln
- 50 g Margarine
- Pfeffer
- 1 Prise Muskat
- 50 g Butter
- 100 g Semmelbrösel

1 Den Rosenkohl putzen, waschen, abtropfen lassen. In wenig Salzwasser 12 Minuten garen. Das Kochwasser abgießen.

2 Den Speck in kleine Würfel schneiden. Die Zwiebeln schälen und fein hacken. In einem Topf die Margarine erhitzen, den Speck zugeben und auslassen. Die Zwiebel zufügen und glasig werden lassen. Den Rosenkohl zufügen. 5 Minuten schmoren lassen, dabei ab und zu schütteln. Mit Salz, Pfeffer und Muskat würzen.

3 In einer Pfanne die Butter zerlassen, die Semmelbrösel zugeben und goldgelb rösten. Den Rosenkohl in eine Schüssel füllen, die Semmelbrösel daraufstreuen.

Garnierter Blumenkohl

Für 4 Portionen

Blumenkohl:

- 1 Blumenkohl
- Salz
- 5 EL Milch
- 2 Eier
- 2 EL gehackte Petersilie
- 125 g Butter
- 3 EL Semmelbrösel

Sauce:

- 1 EL Butter
- 1 EL Mehl
- 2 EL Schlagsahne
- Salz
- Frisch gemahlener weißer Pfeffer

1 Vom Blumenkohl die Blätter entfernen und den Strunk abschneiden. Mit reichlich Salzwasser und der Milch zum Kochen bringen und 20 Minuten garen. Herausnehmen, abtropfen lassen, warm stellen. Kochbrühe beiseitestellen.

2 Die Eier 10 Minuten kochen, pellen und fein hacken. Mit der Petersilie vermischen und auf dem Blumenkohl verteilen. In einer Pfanne die Butter erhitzen, die Semmelbrösel hineingeben, goldgelb rösten, auf dem Kohl verteilen.

3 Für die Sauce in einem Topf die Butter erhitzen, das Mehl zufügen und anschwitzen. ½ Liter der Kochbrühe vom Blumenkohl angießen und glatt rühren. Unter ständigem Rühren zum Kochen bringen und bei mäßiger Hitze 10 Minuten köcheln lassen. Dann die Sahne einrühren. Salzen, pfeffern. Die Sauce zum Blumenkohl reichen.

Wirsingrouladen

- 1 Wirsing
- Salz
- 150 g Waldpilze (Maronen, Rotkappen, Steinpilze, Pfifferlinge)
- 1 Zwiebel
- 80 g Butter
- 2 EL gehackte Petersilie
- 1 Semmel
- 1 Tasse Milch
- 400 g Gehacktes vom Rind
- 1 Ei
- Pfeffer
- 1 TL Kümmel
- 4 Schweinenetze (vom Fleischer)
- 50 ml Weißwein
- ¼ l Rinderbrühe
- 2 EL Senf
- 6 EL Schlagsahne
- 2 EL Schnittlauchröllchen

Für 4 Portionen *Siehe Foto Seite 101*

1 Aus dem Wirsing den Strunk herausschneiden. 12 Kohlblätter ablösen, die dicken Rippen herausschneiden. In einem Topf Salzwasser erhitzen, die Blätter 1 Minute darin blanchieren, unter kaltem Wasser abschrecken, trocken tupfen.

2 Die Pilze säubern und fein schneiden. Die Zwiebel schälen und fein hacken. In einer Pfanne 30 Gramm Butter erhitzen, Pilze und Zwiebel hineingeben und 8 Minuten braten. Vom Herd nehmen, die Petersilie unterrühren. Den Backofen auf 200 °C (Gas Stufe 3, Umluft 180 °C) vorheizen.

3 Die Semmel in der Milch einweichen, gut ausdrücken und mit dem Gehackten, dem Ei, Salz, Pfeffer, Kümmel und der Pilzmischung vermengen. Jeweils 3 Wirsingblätter auf ein mit Salz und Pfeffer bestreutes Küchenbrett legen und ein Viertel der Fleischmasse daraufgeben. Die Blätter seitlich über dem Fleisch etwas einschlagen, aufrollen und in ein Schweinenetz geben.

4 In einem Bräter die restliche Butter erhitzen, die Rouladen ringsum darin anbraten. Weißwein und Brühe zufügen. Im vorgeheizten Backofen etwa 30 Minuten garen. Die Rouladen herausnehmen und warm stellen.

5 Senf, Sahne und Schnittlauch in den Bratensatz rühren. Mit Salz und Pfeffer abschmecken. Rouladen und Sauce auf 4 Tellern verteilen. Petersilienkartoffeln dazu reichen.

Semmelkloß

- 500 g Weißbrot
- 1 l Milch
- 50 g Butter
- 400 g Mehl
- 2 TL Backpulver
- 3 Eier
- Salz
- 1 Messerspitze frisch geriebene Muskatnuss
- 1 EL gehackte Petersilie

Für 4 Portionen *Siehe Foto Seite 103*

1 Vom Weißbrot die Rinde abschneiden, zerkleinern und beiseite legen. Das Weißbrot in Scheiben, dann in Streifen schneiden und in eine Schüssel geben. Die Milch zum Kochen bringen und über das Weißbrot gießen.

2 In einer Pfanne die Butter erhitzen, die Weißbrotrinde darin knusprig braten und zur Weißbrotmasse geben. Auskühlen lassen.

3 Mehl mit Backpulver mischen, über die Brotmasse sieben. Mit Eiern, Salz, Muskat und Petersilie vermengen.

4 In einem Topf Salzwasser zum Kochen bringen. Den Teig auf eine Serviette geben. So zusammenbinden, dass Platz zum Aufgehen ist. Über einem Kochlöffel ins Salzwasser hängen, 1 Stunde sieden lassen. Herausnehmen und in Scheiben schneiden.

Pilzklöße

- 2 EL getrocknete Steinpilze
- 1 Zwiebel
- 1 kg Kartoffeln
- 125 g Kartoffelmehl
- Salz
- Pfeffer
- 200 ml Milch
- 1 EL gehackte Petersilie

Für 4 Portionen

1 Die Pilze in etwas Wasser einweichen. Die Zwiebel schälen und fein hacken.

2 Die Kartoffeln mit der Schale kochen, pellen, durch die Kartoffelpresse in eine Schüssel drücken. Kartoffelmehl, Salz und Pfeffer untermischen. Die Milch erhitzen und nach und nach in die Kartoffelmasse einarbeiten.

3 Die eingeweichten Pilze zerkleinern und zusammen mit der gehackten Zwiebel und Petersilie unter den Teig mengen.

4 In einem Topf Salzwasser zum Kochen bringen, aus dem Teig Klöße formen, in das kochende Salzwasser legen und 15 Minuten ziehen lassen. Herausnehmen, abtropfen lassen und in eine Schüssel füllen.

Sahneklöße

Für 4 Portionen

- 2 Semmeln
- 40 g Butter
- 1 kg Kartoffeln
- ¼ l saure Sahne
- 4 Eier
- 80 g Mehl
- Salz
- 1 Messerspitze frisch geriebene Muskatnuss

1 Die Semmeln in kleine Würfel schneiden. In einer Pfanne die Butter erhitzen, die Semmelwürfel darin goldgelb braten.

2 Die Kartoffeln in der Schale kochen, abgießen, pellen und durch die Kartoffelpresse drücken. In den entstehenden Teig saure Sahne, Eier, Mehl, Salz und Muskat einarbeiten. In einem Topf Salzwasser zum Kochen bringen.

3 Mit bemehlten Händen Klöße formen, Semmelwürfel in die Mitte geben, die Klöße in das kochende Salzwasser legen und bei mäßiger Hitze 15 Minuten ziehen lassen. Mit einem Schaumlöffel herausnehmen und in eine Schüssel füllen.

Meerrettichklöße

- 2 Semmeln
- 50 g Butter
- 1 kg Kartoffeln
- 4 EL geriebener Meerrettich
- 2 Eier
- ½ TL Salz
- 3 EL Kartoffelmehl
- 1 EL Mehl

Für 4 Portionen *Siehe Foto unten*

1 Die Semmeln in kleine Würfel schneiden. Butter erhitzen, die Semmelwürfel darin goldgelb braten.

2 Die Kartoffeln in der Schale kochen, pellen und durch die Kartoffelpresse drücken. Mit Meerrettich, Eiern, Salz, Kartoffelmehl vermengen. Wenn nötig, 1 bis 2 Esslöffel Wasser zufügen. In einem Topf Salzwasser zum Kochen bringen.

3 Klöße formen, in die Mitte die Semmelwürfel drücken. Klöße in Mehl wälzen und in das kochende Salzwasser legen. 10 Minuten leise sieden.

Aus dem Spreewald Meerrettich aus dem Spreewald war beliebt. Gerieben würzte er Klöße, vermischt mit geriebenem Apfel und etwas Sahne verfeinerte er Wurstplatten und Karpfen blau.

Thüringer Klöße

Für 4 Portionen

- 2 Semmeln
- 50 g Butter
- 2 ½ kg Kartoffeln
- Salz

1 Die Semmeln in kleine Würfel schneiden. Butter erhitzen und die Semmelwürfel darin goldgelb rösten.

2 Die Kartoffeln schälen und waschen. Ein Drittel davon grob zerkleinern und in Salzwasser weich kochen. Das Wasser bis auf einen kleinen Teil abgießen und einen dickflüssigen Kartoffelbrei anrühren.

3 In eine Schüssel etwas kaltes Wasser geben, die restlichen Kartoffeln hineinreiben. Die Masse durch ein Tuch pressen, dabei die Flüssigkeit in einem Gefäß auffangen, sodass sich die Stärke absetzen kann.

4 In einem Topf Salzwasser zum Kochen bringen. In einem zweiten Topf den Kartoffelbrei ebenfalls zum Kochen bringen und über die geriebene Kartoffelmasse gießen. Die abgesetzte Stärke und einen Teelöffel Salz zugeben. Alles rasch verkneten.

5 Mit nassen Händen Klöße formen, in die Mitte einige Semmelwürfel geben. In das kochende Salzwasser legen, 20 Minuten ziehen lassen.

Watteklöße

Für 4 Portionen

- 2 Semmeln
- 50 g Butter
- 1 kg Kartoffeln
- 2 Eier
- 80 g Kartoffelmehl
- Salz
- 1 Messerspitze frisch geriebene Muskatnuss

1 Semmeln in kleine Würfel schneiden. Butter erhitzen und die Semmelwürfel darin goldgelb rösten.

2 Die Kartoffeln in der Schale gar kochen, pellen und durch die Kartoffelpresse drücken. Die Kartoffelmasse mit den Eiern, Kartoffelmehl, Salz und Muskat verkneten. In einem Topf Salzwasser zum Kochen bringen.

3 Aus dem Teig mit nassen Händen Klöße formen, einige Semmelwürfel in die Mitte geben und in das kochende Salzwasser legen. Im siedenden Wasser 20 Minuten ziehen lassen.

Wickelklöße

- 1 kg Kartoffeln
- 200 g Mehl
- 3 Eier
- Salz
- ⅛ l Milch
- 500 g durchwachsener Speck
- 3 EL Semmelbrösel
- 1 ½ l klare Fleischbrühe
- 4 EL gehackte Kräuter (Schnittlauch, Petersilie, Dill)

Für 4 Portionen *Siehe Foto Seite 107*

1 Die Kartoffeln in der Schale kochen, abgießen, pellen und noch warm durch die Kartoffelpresse drücken. Mehl, Eier, Salz und Milch zugeben und einen geschmeidigen Teig bereiten. Den Teig zu einem 1 Zentimeter dicken Quadrat ausrollen.

2 Den Speck in kleine Würfel schneiden und knusprig braten. Abkühlen lassen. Die abgetropften Speckwürfel auf der Teigplatte verteilen, die Semmelbrösel daraufstreuen. Die Teigplatte aufrollen und in 4 Zentimeter dicke Scheiben schneiden. Aus den Scheiben Klöße formen.

3 Die Fleischbrühe erhitzen, die Wickelklöße hineingeben und 20 Minuten ziehen lassen. Mit einem Schaumlöffel herausnehmen, abtropfen lassen, in eine Schüssel füllen und mit dem Speckfett übergießen. Die Kräuter daraufstreuen.

Fauleweiberklöße

- 2 Semmeln
- 40 g Butter
- 8 Kartoffeln
- 400 g Kartoffelmehl
- ¼ l Milch
- 1 Ei
- Salz
- 1 Messerspitze frisch geriebene Muskatnuss

Für 4 Portionen

1 Die Semmeln in kleine Würfel schneiden. Butter erhitzen, die Semmelwürfel darin goldgelb braten.

2 Die Kartoffeln in der Schale kochen, pellen, durch die Kartoffelpresse in eine Schüssel drücken und mit dem Kartoffelmehl vermischen.

3 Die Milch erhitzen, über die Kartoffelmasse gießen, das Ei, 1 Teelöffel Salz und Muskat zufügen. Alles gut vermengen. In einem Topf Salzwasser zum Kochen bringen.

4 Mit nassen Händen 8 Klöße formen und einige Semmelwürfel in die Mitte geben. Die Klöße in das kochende Salzwasser legen und bei schwacher Hitze 20 Minuten ziehen lassen. Mit einem Schaumlöffel herausnehmen und sofort aufreißen.

SÜSSE SPEISEN

Beim süßen Abschluss darf die Fantasie Purzelbäume schlagen. Quark und leckeres Beerenobst sind ein Traumpaar, ebenso die zarte, delikate Leckerei, das Quarkkeulchen, bei dem sich auf wunderbare Weise Kartoffeln und Quark nebst anderen Zutaten vereinen. Wie das duftet – man mag mit dem Essen überhaupt nicht aufhören! Aber auch Plinsen, Ringtaler, Semmelgeräusch, Muskräppelchen, Ringelschwänzchen und Fliederblütenkuchen sind nicht zu verachten. Und welch eine dekorative Schlemmerei ist der Rosenpudding!

Greizer Hochzeitspudding

Für 4 Portionen

- 10 Semmeln
- 1 l Milch
- 100 g Zucker
- 4 Eier
- 50 g gehackte Mandeln
- Salz
- Beliebiges Kompott (Pflaumen, Kirschen, Heidelbeeren)

1 Die Semmeln in Scheiben schneiden und in eine Schüssel geben.

2 Die Milch darüber gießen, die Semmeln darin einige Minuten einweichen lassen.

3 Zucker, Eier, Mandeln und eine Prise Salz zugeben, alles verrühren. Eine Puddingform einfetten, die Semmelmasse einfüllen und im siedenden Wasserbad eine Stunde garen. Mit Kompott servieren.

Gothaer Muskräppelchen

Für 4 Portionen *Siehe Foto Seite 108*

- 500 g Mehl
- 2 gestrichene TL Backpulver
- 150 g Zucker
- 1 Prise Salz
- 1 EL Weinbrand
- 3 Eier
- 150 g kalte Butter
- 150 g Pflaumenmus
- Öl zum Ausbacken
- Puderzucker zum Bestäuben

1 Mehl und Backpulver vermischen, in eine Schüssel sieben, in die Mitte eine Vertiefung drücken. Zucker, Salz, Weinbrand und Eier hineingeben und mit einem Teil des Mehls zu einem dicken Brei vermengen. Die Butter in Stücke schneiden, auf dem Brei verteilen und mit dem Mehl bedecken. Von der Mitte her alles gut verkneten. 1 Stunde kalt stellen.

2 Den Teig auf bemehlter Arbeitsfläche ungefähr 1 Zentimeter dick ausrollen. Anschließend Kreise von 5 bis 6 Zentimeter Durchmesser ausstechen. Auf die Hälfte der Kreise einen Klecks Pflaumenmus geben, die restlichen Kreise auflegen und fest die Ränder andrücken.

3 Das Öl erhitzen, die Muskräppelchen darin schwimmend goldbraun backen. Sobald die Farbe stimmt, mit einem Schaumlöffel herausnehmen, auf Küchenkrepp legen und mit Puderzucker bestäuben.

Detscher

- 750 g Kartoffeln
- 2 Eier
- 100 g Mehl
- 1 Prise Salz
- 200 g zerlassene Butter
- 100 g Zucker

Für 4 Portionen

1 Die Kartoffeln in der Schale kochen, pellen und sofort durch die Kartoffelpresse in eine Schüssel drücken. Eier, Mehl und Salz unterkneten. Den Teig auf bemehlter Fläche ausrollen und Quadrate von 12 x 12 Zentimeter ausschneiden.

2 Eine beschichtete Pfanne erhitzen, die Detscher darin ohne Fett auf beiden Seiten goldgelb backen. Herausnehmen, in eine Schüssel schichten, mit der Butter begießen und mit dem Zucker bestreuen. Dazu gehört eine Tasse Kaffee.

Quarkkeulchen

- 2 EL Rosinen
- 1 EL Weinbrand
- 500 g Kartoffeln
- 1 EL Mehl
- 200 g abgetropfter Quark
- 1 Prise Salz
- 1 TL abgeriebene Schale von 1 unbehandelten Zitrone
- 3 Eier
- 1 EL gehackte Mandeln
- Öl zum Ausbacken
- Zimtzucker zum Bestreuen

Für 4 Portionen

1 Die Rosinen waschen, trocken tupfen und mit Weinbrand beträufeln. Die Kartoffeln in der Schale kochen, pellen und noch warm durch die Kartoffelpresse drücken. Mehl, Quark, Salz, Zitronenschale und Eier mit der Kartoffelmasse vermengen.

2 Die Rosinen mit den Mandeln zugeben. Mit bemehlten Händen kleine Keulchen formen. In einer Pfanne Öl erhitzen, die Keulchen auf beiden Seiten goldbraun backen. Auf Tellern verteilen und mit Zimtzucker, Apfelmus und Sahne servieren.

RARITÄT VON DER ELBE

Rar war er – der Elbtalwein! Bück-dich-Ware sozusagen. Wer ihn erwischte, hatte genügend Vitamin B und überhaupt einen guten Draht zur Konsum- oder HO-Verkäuferin. Wer einen dieser guten Tropfen, hergestellt von fleißigen Hobbywinzern, erwerben konnte, wusste ihn immer zu schätzen.

Meißner Weincreme

Für 4 Portionen . *Siehe Foto oben*

- 4 Eier
- 250 g Zucker
- 1 Prise Salz
- ½ l trockener Weißwein (Elbtalriesling)
- 1 EL abgeriebene Schale von 1 Zitrone
- 40 g Stärkemehl
- 2 EL Weinbrand

1 Eier, Zucker, Salz, ¼ Liter Wein und Zitronenschale verrühren und über heißem Wasserbad so lange schlagen, bis die Masse cremig ist. Das Stärkemehl in etwas kaltem Wasser verquirlen.

2 Den restlichen Wein zum Kochen bringen, das Stärkemehl einrühren und kurz aufkochen lassen. Vom Herd nehmen, den Weinbrand unterrühren. Mit einem Schneebesen unter die Eimasse heben.

Warum Meißen? Meißen liegt an der Elbe, und dort, in sonnigen Hanglagen, wächst unter anderem der berühmte Elbtalriesling.

Tüschel

- 10 Semmeln (à 50 g)
- ¼ l Milch
- ¼ l Schlagsahne
- 6 Eier
- 2 EL Zucker
- 1 Prise Salz
- Butter für die Auflaufform
- 750 g entsteinte Sauerkirschen
- Zimtzucker

Für 4 Portionen

1 Die Semmeln in Scheiben schneiden, mit Milch und Sahne in eine Schüssel geben. 1 Stunde ziehen lassen. Eier, Zucker und Salz unterrühren. Den Backofen auf 200 °C (Gas Stufe 3, Umluft 180 °C) vorheizen.

2 Eine Auflaufform einfetten, die Semmelmasse einfüllen, die Sauerkirschen darauf verteilen. Im vorgeheizten Backofen etwa 30 Minuten backen. Herausnehmen, mit Zimtzucker bestreuen.

Suhl-Heinrichs-Latschen

- 8 Äpfel
- Saft von 1 Zitrone
- 4 EL Weinbrand
- 4 Eier
- 125 g Zucker
- 1 Päckchen Vanillezucker
- 200 g Mehl
- ½ TL Backpulver
- ⅛ l süße Sahne
- Butter zum Ausbacken
- Zimtzucker

Für 4 Portionen

1 Von den Äpfeln das Kernhaus ausstechen. Die Äpfel schälen, in Ringe schneiden, mit Zitronensaft und Weinbrand beträufeln. Eier, Zucker und Vanillezucker schaumig rühren. Mehl und Backpulver vermischen und mit der Sahne in die Eiermischung rühren.

2 In einer Pfanne Butter erhitzen, die Apfelringe in den Teig tauchen, auf beiden Seiten goldbraun backen.

3 Die Latschen herausnehmen und mit Zimtzucker bestreuen, mit Schlagsahne oder Vanillesauce servieren.

EINE BELIEBTE VARIANTE

Zu den Latschen wird auch gern Vanillesauce gereicht: Dafür verquirlt man 1 Esslöffel Speisestärke, 1 Päckchen Vanillezucker und 1 Esslöffel Zucker in wenig kalter Milch und rührt das Ganze in knapp ½ Liter kochende Milch ein. Zum Schluss mit einem Eigelb verfeinern.

Schneeberger Plinsen

Für 4 Portionen *Siehe Foto unten*

- 10 g frische Hefe
- ¼ l Milch
- 2 Eier
- 1 Prise Salz
- 1 EL Zucker
- 150 g Mehl
- 2 EL Rosinen
- Öl zum Ausbacken
- Zimtzucker zum Bestreuen

1 Die Hefe zerbröckeln und mit etwas Milch verquirlen. Restliche Milch, Eier, Salz und Zucker unterrühren. Mehl und gewaschene Rosinen ebenfalls einrühren. Zugedeckt 30 Minuten im Warmen gehen lassen.

2 Den Teig mit einem Esslöffel portionsweise in erhitztes Öl geben. Die Plinsen auf beiden Seiten goldgelb backen. Auf Tellern anrichten, mit Zimtzucker bestreuen. Kompott oder Marmelade dazu reichen.

Gebackene Quatschgen

- 2 Eier
- 1 Prise Salz
- 8 EL Sonnenblumenöl
- 1/8 l helles Bier
- 300 g Mehl
- Öl zum Ausbacken
- 1 kg entsteinte Zwetschgen
- Zimtzucker

Für 4 Portionen *Siehe Foto Seite 115*

1 Die Eier trennen. Das Eigelb in einer Schüssel schaumig rühren. Salz, Öl und Bier unterrühren.

2 Das Mehl sieben und unterrühren. Anschließend den Teig 30 Minuten quellen lassen.

3 Das Eiweiß steif schlagen und unterheben. Öl erhitzen. Die Zwetschgen in den Teig tauchen und schwimmend in Öl goldgelb ausbacken. Mit einer Schaumkelle herausnehmen, abtropfen lassen, in Zimtzucker wälzen.

Quatschgersbrei mit Mahlhüts

Quatschgersbrei:

- 2 kg Zwetschgen
- 1 TL gemahlener Zimt
- 1 TL gemahlene Nelken
- 1 TL gemahlener Ingwer
- 125 g Zucker
- 200 g stichfeste saure Sahne

Mahlhüts (Hefeklöße):

- 500 g Mehl
- 30 g Hefe
- 1/4 l Buttermilch oder saure Milch
- 1 Ei
- 1 EL Zucker
- 1 Prise Salz

Für 4 Portionen

1 Zwetschgen waschen, entsteinen und durch den Fleischwolf drehen.

2 Den Brei in einen Topf füllen und mit Zimt, Nelken, Ingwer und Zucker auf kleiner Flamme zu Mus kochen. Dann auskühlen lassen.

3 Für die Mahlhüts das Mehl in eine Schüssel sieben, in die Mitte eine Vertiefung drücken. Die Hefe in etwas lauwarmer Buttermilch verrühren, in die Vertiefung geben, von der Mitte her einen glatten Teig kneten, dabei das Ei, Zucker, Salz und die restliche Buttermilch zufügen. Zugedeckt 30 Minuten gehen lassen.

4 Den Teig nochmals durchkneten. Klöße formen, nochmals gehen lassen, bis die Oberfläche glatt ist.

5 In einem Topf Wasser zum Kochen bringen, die Klöße darin 20 Minuten sieden, nach 10 Minuten wenden.

6 Mit einer Schaumkelle herausnehmen, aufreißen, damit sie nicht zusammenfallen. Den Quatschgersbrei mit der sauren Sahne verrühren und dazu reichen.

Schwarzer Magister

- 500 g Backpflaumen
- 400 g Weißbrot
- 150 g Butter oder Margarine
- ½ l Milch
- 1 Päckchen Vanillezucker
- 100 g Zucker
- 2 Eier
- 2 Eigelb

Für 4 Portionen

1 Die Backpflaumen über Nacht in etwas Wasser einweichen. Am nächsten Tag durchseihen, den Sud auffangen. Die Backpflaumen entsteinen und halbieren.

2 Den Backofen auf 180 °C (Gas Stufe 2, Umluft 160 °C) vorheizen. Das Weißbrot in Scheiben schneiden und in der Hälfte der Butter auf beiden Seiten rösten. Die Milch mit dem Pflaumensud, Vanillezucker, Zucker, den Eiern und dem Eigelb verrühren.

3 Eine Springform einfetten, lagenweise Brotscheiben und Backpflaumen einschichten, als letzte Lage Brot. Mit der Eiermilch begießen. Im vorgeheizten Backofen 45 Minuten backen.

Rosenpudding

- 20 stark duftende, frisch gepflückte Rosenblütenblätter
- 200 g Zwieback
- 8 Eier
- 5 EL Zucker
- 300 ml Schlagsahne
- 1 Prise Zimt
- 2 Prisen Salz
- 1 EL Stärkemehl
- ½ l Milch
- 2 Päckchen Vanillezucker
- 1 Eigelb

Für 4 Portionen

1 Die Rosenblütenblätter reinigen, vom bitteren Stielansatz befreien und fein schneiden. Den Zwieback zerstoßen und mit den Rosenblütenblättern vermischen.

2 Die Eier trennen. Das Eigelb mit 3 Esslöffel Zucker in einer Schüssel schaumig schlagen. Schlagsahne, Zimt, 1 Prise Salz und die vorbereitete Zwiebackmasse unterrühren. Das Eiweiß steif schlagen und unterheben. In eine Form füllen und über heißem Wasserbad bei 80 °C etwa 90 Minuten garen.

3 Das Stärkemehl in etwas kalter Milch verquirlen. Die restliche Milch mit dem Vanillezucker, 2 Esslöffel Zucker und 1 Prise Salz zum Kochen bringen. Das Stärkemehl einrühren, aufkochen lassen, vom Herd nehmen und etwas auskühlen lassen. Das Eigelb unterrühren. Mit dem Rosenpudding servieren. Mit kandierten Rosenblütenblättern verzieren.

Quarkspeise mit Beerenobst

Für 4 Portionen *Siehe Foto oben*

- 500 g abgetropfter Quark
- 3 Eier
- 3 EL Zucker
- 1 Päckchen Vanillezucker
- 1/4 l Schlagsahne
- 1 Prise Salz
- 500 g Beerenobst (rote und weiße Johannisbeeren, Himbeeren, Brombeeren, Heidelbeeren)

1 Den Quark durch ein Sieb in eine Schüssel streichen. Die Eier trennen. Eigelb, Zucker, Vanillezucker zum Quark geben und unterrühren. Das Eiweiß steif schlagen und unter die Quarkmasse heben.

2 Die Schlagsahne mit dem Salz steif schlagen und ebenfalls unter die Quarkmasse heben. In eine Glasschüssel füllen, kalt stellen.

3 Die Johannisbeeren waschen und von den Rispen streichen. Das andere Beerenobst kurz abbrausen und abtropfen lassen. Anschließend die Quarkspeise mit den Beeren dekorieren.

Leipziger Ringelschwänzchen

- 50 g weiche Butter
- 3 EL Zucker
- 1 Prise Salz
- 1 Ei
- 6 EL Weißwein
- 250 g Mehl
- ½ TL gemahlener Ingwer
- Öl zum Ausbacken
- Puderzucker zum Bestäuben

Für 4 Portionen *Siehe Foto Seite 119*

1 Butter und Zucker schaumig schlagen, das Salz und das Ei zugeben und weiterschlagen, bis die Masse cremig ist. Den Weißwein einrühren. Nach und nach das Mehl und den Ingwer zugeben und alles zu einem glatten Teig verarbeiten.

2 Den Teig auf bemehlter Fläche ausrollen. In Streifen von 2 x 12 Zentimeter schneiden. Jeden Teigstreifen über einen Quirlstiel drehen und sofort in erhitztes Öl streifen. Goldbraun ausbacken. Abtropfen lassen, mit Puderzucker bestäuben.

Vogtländisches Semmelgeräusch

- ⅜ l Milch
- 3 Eier
- 1 Prise Salz
- 150 g Mehl
- 4 Semmeln
- Öl zum Ausbacken
- Zimtzucker zum Bestreuen

Für 4 Portionen

1 Milch, Eier und Salz verquirlen. Das Mehl einrühren. Zugedeckt 30 Minuten quellen lassen.

2 Die Semmeln in Scheiben schneiden. In einer Pfanne das Öl erhitzen, Semmelscheiben hineinlegen und mit Teig begießen. Das Semmelgeräusch auf beiden Seiten goldgelb backen und dann rasch aus der Pfanne nehmen. Sofort heiß servieren und mit Zimtzucker bestreuen. Nach Belieben Kompott oder Marmelade dazu reichen.

Leipziger Ringtaler

8 große Äpfel
4 EL Zitronensaft
100 g Zucker
2 Eier
50 g weiche Butter
1 Prise Salz
¼ l Milch
200 g Mehl
Öl zum Ausbacken
Zimtzucker zum Bestreuen

Für 4 Portionen *Siehe Foto Seite 121*

1 Das Kernhaus ausstechen, die Äpfel schälen und in 1 Zentimeter dicke Ringe schneiden. Mit Zitronensaft beträufeln und die Hälfte des Zuckers aufstreuen.

2 Die Eier trennen. Eigelb mit Butter, Salz und Milch verquirlen. Nach und nach das Mehl und den restlichen Zucker einrühren. 15 Minuten quellen lassen. Das Eiweiß zu steifem Schnee schlagen und unterheben.

3 Die Apfelringe durch den Teig ziehen und in erhitztem Öl auf beiden Seiten goldbraun ausbacken. Sofort auf Tellern anrichten und mit Zimtzucker bestreuen. Nach Belieben zu den warmen Ringtalern Vanilleeis und Schlagsahne reichen.

Fliederblütenkuchen

16 Holunderblütendolden
4 Eier
2 EL Zucker
200 g Mehl
⅛ l Milch
4 EL Schlagsahne
1 Prise Salz
Öl zum Ausbacken
Zimtzucker zum Bestreuen

Für 4 Portionen

1 Die frisch gepflückten Blütendolden säubern. Nur kurz in kaltes Wasser tauchen, sie verlieren sonst ihr Aroma.

2 Die Eier trennen. Das Eiweiß steif schlagen. Zucker und danach das gesiebte Mehl untermischen. Eigelb, Milch, Schlagsahne und Salz verquirlen und dazugeben.

3 Das Öl in einer Pfanne erhitzen, die Blüten in den Teig tauchen und goldgelb ausbacken. Herausnehmen und möglichst frisch mit Zimtzucker bestreut servieren.

BACKWERK

Egal ob vom Blech, aus der Spring- oder Napfkuchenform, mit Guss oder mit Cremedecke – Backwerk ist stets ein Objekt der Begierde. Welchen Kuchen will man zuerst backen – einen Streusel-, Prassel-, Huckel-, Pflaumen-, Apfel-, Mohn- oder einen Kleckselkuchen? Auch Marmor- oder Selterswasserkuchen kommen gut an. Nicht nur das Genießen, sondern auch das Herstellen der Leckereien macht Spaß – es darf nach Herzenslust gerührt, geknetet und genascht werden.

Bäbe

Für 1 Napfkuchenform, 26 cm Ø *Siehe Foto Seite 122*

250 g Rosinen
6 EL Rum
500 g Mehl
30 g frische Hefe
125 g Zucker
¼ l lauwarme Milch
230 g Butter
4 Eier
4 EL Schlagsahne
150 g gehackte Mandeln
200 g Puderzucker
3 EL Kakao
Butter und Semmelbrösel für die Form

1 Die Rosinen waschen, abtropfen lassen und mit dem Rum übergießen.

2 Das Mehl in eine Schüssel sieben, in die Mitte eine Vertiefung drücken. Die Hefe mit 1 Teelöffel Zucker in etwas lauwarmer Milch verquirlen und in die Vertiefung gießen, mit etwas Mehl vom Rand einen dickflüssigen Vorteig anrühren. Mehl darüberstäuben. Zugedeckt an einem warmen Platz 20 Minuten gehen lassen.

3 Von der Butter 200 Gramm, den restlichen Zucker, die Eier, die Sahne und die Mandeln auf dem Mehlrand anordnen. Von der Mitte aus die Zutaten vermengen.

4 Die restliche Milch und die Rosinen zugeben. Den Teig so lange durchkneten, bis er glänzt. Zugedeckt an einem warmen Ort nochmals 30 Minuten gehen lassen.

5 Den Backofen auf 200 °C (Gas Stufe 3, Umluft 180 °C) vorheizen. Den Teig nochmals durchkneten und in eine eingefettete und mit Semmelbröseln ausgestreute Napfkuchenform füllen.

6 Die Bäbe im vorgeheizten Backofen etwa 50 Minuten backen. Den fertigen Kuchen aus dem Ofen nehmen und etwas auskühlen lassen.

7 Den Puderzucker mit dem Kakao vermischen, sieben und mit 2 Esslöffeln heißem Wasser zu einer dickflüssigen Masse verrühren. Die restliche Butter zerlassen und unterrühren.

8 Die Bäbe aus der Form nehmen und mit der Schokoglasur überziehen.

Thüringer Huckelkuchen

- 10 Eigelb
- 8 EL Öl
- 8 EL Weinbrand
- 100 g Mehl
- 30 g Stärkemehl
- 50 g zerlassene Butter
- Saft von ½ Zitrone
- Puderzucker zum Bestäuben

Für 1 Backblech, 45 x 35 cm *Siehe Foto Seite 125*

1 Das Eigelb in eine Schüssel geben und schaumig rühren. Öl und Weinbrand unterrühren. Mehl und Stärkemehl vermischen, auf die Eimasse sieben und unterheben. Den Backofen auf 200 °C (Gas Stufe 3, Umluft 180 °C) vorheizen.

2 Ein Backblech einfetten, den Teig aufstreichen und im vorgeheizten Backofen etwa 15 Minuten backen. Herausnehmen, etwas auskühlen lassen, mit der zerlassenen Butter bestreichen, mit Zitronensaft beträufeln und mit Puderzucker bestäuben.

Selterswasserkuchen

- 2 EL Rosinen
- 1 EL Weinbrand
- 4 Eier
- 2 Tassen Zucker
- 1 Tasse Öl
- 3 Tassen Mehl
- 1 Päckchen Backpulver
- 1 Prise Salz
- 1 TL abgeriebene Schale von 1 unbehandelten Zitrone
- 50 g fein geschnittenes Zitronat
- 1 Tasse Selterswasser (Mineralwasser)
- Butter und Semmelbrösel für die Form
- Puderzucker zum Bestäuben

Für 1 Napfkuchenform, 26 cm Ø

1 Die Rosinen mit dem Weinbrand beträufeln. Eier, Zucker und Öl in eine Schüssel geben und schaumig rühren. Mehl und Backpulver vermischen, sieben und mit dem Salz, der Zitronenschale und dem Zitronat unterrühren. Zuletzt das Selterswasser zufügen.

2 Den Backofen auf 200 °C (Gas Stufe 3, Umluft 180 °C) vorheizen. Eine Napfkuchenform einfetten und mit Semmelbröseln ausstreuen. Den Teig einfüllen und glatt streichen. Im vorgeheizten Backofen etwa 45 Minuten backen.

3 Den fertigen Kuchen aus dem Ofen nehmen, noch 10 Minuten in der Form lassen, dann zum Auskühlen auf ein Kuchengitter setzen. Mit Puderzucker bestäuben.

Kennzeichen: Tasse! Der Selterswasserkuchen ist einer der wenigen Kuchen mit »DDR-Ursprung«, bei dem die Mengenangaben für viele Zutaten – ganz ungewöhnlich in Deutschland – in Tassen erfolgen. Dafür ist er bekannt. Sagt eine Nachbarin zur anderen: »Ich bagge heude Selterswasserkuchen.« Antwortet die: »Ach, das is doch der midd de Dassn.«

Weidaer Greibelkuchen

Für 1 Backblech, 45 x 35 cm *Siehe Foto Seite 127*

Boden:

- 400 g Mehl
- 25 g frische Hefe
- 80 g Zucker
- 200 ml Milch
- 1 Prise Salz
- 1 TL abgeriebene Schale von 1 unbehandelten Zitrone
- 1 Ei
- 80 g Butter

Greibel (Streusel):

- 200 g Butter
- 200 g Zucker
- 200 g Mehl
- 2 EL Kakao
- 50 g zerlassene Butter
- Puderzucker zum Bestäuben

1 Mehl in eine Schüssel sieben, in die Mitte eine Vertiefung drücken. Hefe mit 1 Teelöffel Zucker in etwas lauwarmer Milch verrühren, in die Vertiefung geben, etwas Mehl vom Mehlrand darüberstäuben und dickflüssigen Vorteig anrühren. Zugedeckt 20 Minuten gehen lassen.

2 Den restlichen Zucker, das Salz, die Zitronenschale, das Ei und die Butter auf dem Mehlrand verteilen, von der Mitte her einen glatten Teig kneten, dabei die restliche Milch zugeben. 30 Minuten gehen lassen. Den Backofen auf 200 °C (Gas Stufe 3, Umluft 180 °C) vorheizen.

3 Ein Backblech einfetten. Den Teig durchkneten, auf bemehlter Fläche ausrollen, auf das Backblech geben, einen Rand hochziehen, den Teig mit einer Gabel mehrmals einstechen.

4 Für die Greibel Butter, Zucker und Mehl vermischen, Streusel formen, unter die Hälfte der Streusel den Kakao mischen, die Streusel abwechselnd oder im Muster auf dem Teig verteilen.

5 Den Kuchen im vorgeheizten Backofen etwa 30 Minuten backen. Herausnehmen, mit Butter beträufeln und mit Puderzucker bestäuben.

BEDARFSLÜCKEN UND WUNDERTÜTEN

Die Bedarfslücke gehörte zum Alltag. In der kalten Jahreszeit verschwanden manchmal die Kerzen oder die Mandeln, Butter wurde knapp und Margarine empfohlen. Dann hieß es: »Wir haben einen Engpass. Gibt es in Kürze.« Aber wo liegt Kürze? Könnte man ja mal hinfahren … In solchen Zeiten erwies sich, ob man genügend »Vitamin B« hatte. Herrlich, wenn einem die Verkäuferin, ohne einen anzusehen, eine (Wunder-)Tüte zu den gekauften Lebensmitteln dazulegte. Der Betrag kam auf die Rechnung, versteht sich. Die Hälse der anderen Kundschaft wurden lang und länger. Jeder in der Schlange erhoffte sich so eine Tüte.

Meißner Quarktorte

Für 1 Springform, 26 cm Ø

- 6 Eier
- 250 g weiche Butter
- 300 g Zucker
- 1 TL abgeriebene Schale von 1 unbehandelten Zitrone
- Saft einer ½ Zitrone
- 1 kg ausgepresster Quark
- 100 g Grieß
- 1 EL Stärkemehl
- 1 Päckchen Backpulver
- 1 Prise Salz
- Puderzucker zum Bestäuben

1 Den Backofen auf 180 °C (Gas Stufe 2, Umluft 160 °C) vorheizen. Die Eier trennen. 180 Gramm Butter schaumig schlagen. Eigelb, Zucker, Zitronenschale und Zitronensaft unterrühren. Quark und Grieß, Stärkemehl und Backpulver vermischen und nach und nach einarbeiten. Das Eiweiß mit dem Salz steif schlagen und unterheben.

2 Eine Springform einfetten, den Teig einfüllen und glatt streichen. Die Torte im vorgeheizten Backofen etwa 45 Minuten backen.

3 Die Torte aus dem Ofen nehmen und noch heiß mit der restlichen zerlassenen Butter bestreichen, anschließend großzügig mit Puderzucker bestäuben.

Apoldaer Apfelkuchen

Teig:

- 500 g Mehl
- 30 g Hefe
- 80 g Zucker
- ¼ l Milch
- 1 Prise Salz
- 80 g Butter

Belag:

- 500 g abgetropfter Quark
- 2 Eier
- 1 EL Mehl
- 4 EL Zucker
- 1 Päckchen Vanillezucker
- 3 EL Schlagsahne
- 100 ml Milch
- 2 kg Äpfel
- Saft von 2 Zitronen
- 50 g Rosinen
- 30 g Zitronat
- 50 g gehackte Mandeln

Streusel:

- 225 g Zucker
- 1 TL Zimt
- 200 g Mehl
- 200 g kalte Butter

Für 1 Backblech, 45 x 35 cm *Siehe Foto Seite 129*

1 Das Mehl in eine Schüssel sieben, in die Mitte eine Vertiefung drücken. Die Hefe mit 1 Teelöffel Zucker in etwas lauwarmer Milch verrühren, in die Vertiefung gießen, etwas Mehl vom Rand zugeben, einen dickflüssigen Vorteig herstellen. Zugedeckt an einem warmen Ort 20 Minuten gehen lassen.

2 Den restlichen Zucker, Salz und Butter auf den Mehlrand geben, alles gut verkneten, dabei die restliche Milch zugeben. Nochmals 30 Minuten zugedeckt gehen lassen.

3 Für den Belag den Quark in eine Schüssel geben und mit Eiern, Mehl, Zucker, Vanillezucker, Schlagsahne und Milch verrühren. Die Äpfel schälen, in Viertel, dann in Spalten schneiden, dabei das Kernhaus entfernen. Die Apfelspalten mit Zitronensaft beträufeln.

4 Für die Streusel Zucker, Zimt, Mehl und Butter vermengen. Den Backofen auf 200 °C (Gas Stufe 3, Umluft 180 °C) vorheizen. Ein Backblech einfetten.

5 Den Teig zusammenstoßen, auf bemehlter Fläche ausrollen und auf das Backblech legen. Einen Rand hochziehen. Den Teigboden mit einer Gabel mehrmals einstechen. Die Quarkmasse aufstreichen, die Apfelspalten darauf anordnen.

6 Rosinen, fein gehacktes Zitronat und Mandeln auf die Äpfel streuen. Die Streusel darübergeben. Im vorgeheizten Backofen etwa 40 Minuten backen.

Schneewittchenkuchen

Teig:

- 250 g Butter
- 250 g Zucker
- 6 Eier
- 400 g Mehl
- 2 EL Stärkemehl
- 1 Päckchen Backpulver
- 3 EL Kakao
- 1 ½ kg entsteinte Sauerkirschen

Creme:

- 1 Päckchen Vanillepuddingpulver
- 3 EL Zucker
- ½ l Milch
- 250 g Butter
- 200 g Blockschokolade

Für 1 Backblech, 45 x 35 cm *Siehe Foto unten*

1 Die Butter in einer Schüssel schaumig schlagen. Zucker und nach und nach die Eier einrühren. Mehl, Stärkemehl und Backpulver vermischen, auf die Butter-Ei-Masse sieben und einarbeiten. Unter die Hälfte des Teiges den Kakao mischen.

2 Backofen auf 200 °C (Gas Stufe 3, Umluft 180 °C) vorheizen. Backblech einfetten, Kakaoteig daraufgeben und glatt streichen, den hellen Teig darüber verteilen und mit Sauerkirschen belegen. Im vorgeheizten Backofen etwa 35 Minuten backen. Herausnehmen und auskühlen lassen.

3 Für die Creme das Puddingpulver mit dem Zucker in etwas kalter Milch glatt rühren. Die restliche Milch zum Kochen bringen, das angerührte Puddingpulver zugeben und unter Rühren kurz aufkochen lassen. Vom Herd nehmen und auskühlen lassen. Ab und zu umrühren, damit sich keine Haut bildet.

4 Die zimmerwarme Butter in einer Schüssel schaumig schlagen, den Pudding esslöffelweise einrühren. Die Buttercreme auf den ausgekühlten Kuchen streichen und mit geraspelter Blockschokolade verzieren.

Mohnkuchen

Für 1 Backblech, 45 x 35 cm

Teig:

- 300 g Mehl
- 20 g frische Hefe
- 100 g Zucker
- 1/8 l Milch
- 100 g Butter
- 2 Eier
- Salz

Belag:

- 1/2 l Milch
- 125 g Butter
- 200 g Zucker
- 2 EL Grieß
- Salz
- 500 g gemahlener Mohn
- 150 g Sultaninen
- 150 g gehackte Mandeln

Guss:

- 1/2 Päckchen Vanillepuddingpulver
- 3 EL Zucker
- 1/4 l Milch
- 2 EL Schlagsahne
- 50 g Butter
- 3 Eier
- Puderzucker zum Bestäuben

1 Das Mehl in eine Schüssel sieben, in die Mitte eine Vertiefung drücken. Hefe und 1 Teelöffel Zucker in lauwarmer Milch verrühren, in die Vertiefung gießen, etwas Mehl vom Rand dazugeben, einen dickflüssigen Vorteig anrühren. Zugedeckt an einem warmen Ort 20 Minuten gehen lassen.

2 Auf dem Mehlrand den restlichen Zucker, Butter, Eier und Salz anordnen. Von der Mitte her alles gut verkneten. Zugedeckt 30 Minuten gehen lassen. Den Backofen auf 200 °C (Gas Stufe 3, Umluft 180 °C) vorheizen.

3 Für den Belag die Milch in einen Topf geben und mit der Butter und dem Zucker erhitzen. Den Grieß, 1 Prise Salz und den Mohn zugeben und 5 Minuten quellen lassen. Vom Herd nehmen. Die Sultaninen waschen, abtropfen lassen und zusammen mit den Mandeln in die Mohnmasse rühren. Auskühlen lassen.

4 Den Teig zusammenstoßen, durchkneten und auf bemehlter Fläche ausrollen. Ein Backblech einfetten, den Teig daraufgeben, einen Rand hochziehen, den Teig mit einer Gabel mehrmals einstechen. Die Mohnmasse gleichmäßig auf den Teig streichen.

5 Für den Guss das Puddingpulver mit dem Zucker in der Milch glatt rühren, die Sahne und die Butter zufügen. Alles unter Rühren zum Kochen bringen, aufwallen lassen, vom Herd nehmen und etwas auskühlen lassen. Mehrmals umrühren, damit sich keine Haut bildet.

6 Die Eier trennen. Das Eigelb unter die Puddingmasse rühren. Das Eiweiß steif schlagen und unter die Puddingmasse heben.

7 Die Puddingmasse auf dem Mohnbelag verteilen und glatt streichen.

8 Den Kuchen im vorgeheizten Backofen etwa 40 Minuten backen. Darauf achten, dass die Decke nicht zu dunkel wird, eventuell mit Alufolie abdecken. Den fertig gebackenen Kuchen großzügig mit Puderzucker bestäuben.

Gefüllter Bienenstich

Boden:

- 500 g Mehl
- 30 g frische Hefe
- 3 EL Zucker
- ¼ l lauwarme Milch
- 80 g weiche Butter
- 1 Prise Salz
- 1 Ei

Belag:

- 150 g Butter
- 4 EL Schlagsahne
- 150 g Zucker
- 200 g gehackte Mandeln

Füllung:

- ¼ l Milch
- 1 Päckchen Vanillezucker
- 2 EL Zucker
- 2 EL Stärkemehl
- 6 EL Kaffeesahne
- 2 Eigelb
- ⅛ l Schlagsahne

Für 1 Backblech, ca. 45 x 35 cm *Siehe Foto Seite 133*

1 Das Mehl in eine Schüssel sieben und in die Mitte eine Vertiefung drücken. Die Hefe mit 1 Teelöffel Zucker in etwas lauwarmer Milch verquirlen und in die Vertiefung gießen. Mit etwas Mehl vom Rand zu einem dickflüssigen Vorteig verrühren. Zugedeckt 20 Minuten an einem warmen Platz gehen lassen.

2 Die Butter, den restlichen Zucker, Salz und das Ei auf den Mehlrand geben. Von der Mitte her alle Zutaten vermengen, dabei die restliche Milch zufügen. So lange kneten, bis sich der Teig vom Schüsselboden löst. Zugedeckt nochmals 30 Minuten gehen lassen.

3 Den Teig nochmals durchkneten und auf bemehlter Fläche ausrollen. Das Backblech einfetten, den Teig daraufgeben und einen Rand hochziehen, den Boden mit einer Gabel mehrmals einstechen. Den Backofen auf 200 °C (Gas Stufe 3, Umluft 180 °C) vorheizen.

4 Für den Belag die Butter zerlassen, Sahne, Zucker und Mandeln einrühren und kurz erhitzen, bis die Mandeln leicht glasig sind. Etwas auskühlen lassen. Auf den Teig streichen. Nochmals 10 Minuten gehen lassen. Dann den Kuchen im vorgeheizten Backofen etwa 30 Minuten backen.

5 Für die Füllung die Milch mit dem Vanillezucker zum Kochen bringen und vom Herd nehmen. Zucker, Stärkemehl und Kaffeesahne verrühren und zur Milch geben. Unter Rühren kurz aufkochen, auskühlen lassen.

6 Das Eigelb unterrühren. Die Sahne steif schlagen und unter die Creme ziehen. Den ausgekühlten Bienenstich waagerecht durchschneiden, die Creme aufstreichen und beide Böden wieder zusammensetzen.

Kleckselkuchen

Boden: 500 g Mehl
30 g Hefe
100 g Zucker
¼ l lauwarme Milch
1 Prise Salz
50 g Butter

Quarkmasse:
100 g Rosinen
4 EL Rum
500 g Quark
2 Eigelb
50 g Butter
125 g Zucker
2 EL Milch
1 EL Stärkemehl
2 EL Zitronensaft

Mohnmasse:
50 g Butter
200 g gemahlener Mohn
⅛ l Milch
3 EL Semmelbrösel
4 EL Zucker
1 kräftige Prise Zimt

Belag: 4 Äpfel
4 EL Zitronensaft
50 g Butter

Streusel:
100 g Mehl
100 g Zucker
100 g Butter

Für 1 Backblech, 45 x 35 cm *Siehe Foto Seite 135*

1 Mehl in eine Schüssel sieben und in die Mitte eine Vertiefung drücken. Hefe mit 1 Teelöffel Zucker in etwas lauwarmer Milch verquirlen, in die Vertiefung gießen. Mit etwas Mehl vom Rand einen dickflüssigen Vorteig anrühren. Zugedeckt 20 Minuten im Warmen gehen lassen.

2 Den restlichen Zucker, das Salz und die Butter auf den Mehlrand geben. Die Zutaten von der Mitte her vermengen, dabei die restliche Milch einarbeiten. Den Teig so lange kneten, bis er Blasen wirft. Er muss aber weich bleiben. Sollte er kleben, noch etwas Mehl zugeben. Zugedeckt nochmals 30 Minuten gehen lassen.

3 Die Rosinen für die Quarkmasse in Rum einweichen. Den Quark durch ein Sieb streichen. Eigelb, Butter und Zucker schaumig schlagen. Milch und nach und nach den Quark unterrühren. Stärkemehl, Zitronensaft und Rosinen zugeben. Die Masse schlagen, bis sie cremig ist.

4 Für die Mohnmasse die Butter zerlassen, Mohn und Milch zugeben und verrühren. Zum Kochen bringen, 5 Minuten köcheln lassen, dabei weiterrühren. Semmelbrösel, Zucker und Zimt zufügen, aufkochen. Auskühlen lassen. Damit sich keine Haut bildet, mehrmals umrühren. Den Backofen auf 200 °C (Gas Stufe 3, Umluft 180 °C) vorheizen.

5 Den Teig zusammenstoßen, durchkneten und auf bemehlter Fläche ausrollen. Das Backblech einfetten, den Teig daraufgeben, einen Teigrand hochziehen, den Teig mehrmals mit einer Gabel einstechen. Mit einem Esslöffel die Quark- und Mohnmasse auf den Boden »klecksen«.

6 Die Äpfel schälen, in Viertel, dann in Spalten schneiden, dabei das Kernhaus entfernen. Die Apfelspalten mit Zitronensaft beträufeln und zwischen den Klecksen anordnen.

7 Mehl und Zucker für die Streusel vermischen. Butterflöckchen zugeben. Mit 2 Gabeln oder mit den Händen die Zutaten zu Streuseln vermengen und auf den Kuchen streuen. Etwa 35 Minuten backen.

LPG-Kuchen

Boden: 250 g Butter
4 Eier
250 g Puderzucker
1 Päckchen Vanillezucker
1 Prise Salz
250 g Mehl
2 gestrichene TL Backpulver

Füllung: 1 Päckchen Vanillepuddingpulver
2 EL Zucker
½ l Milch
250 g Butter
250 g Butterkekse
Etwas Weinbrand

Guss: 200 g Puderzucker
3 EL Kakao
2 Eier
250 g zerlassenes Kokosfett

Für 1 Backblech, 45 x 35 cm *Siehe Foto Seite 137*

1 Den Backofen auf 200 °C (Gas Stufe 3, Umluft 180 °C) vorheizen. In einer Schüssel die Butter schaumig schlagen. Die Eier trennen. Eigelb, Puderzucker, Vanillezucker und das Salz zur Butter geben. Kräftig schlagen. Das Mehl mit dem Backpulver vermischen, sieben, in den Teig rühren.

2 Das Eiweiß zu steifem Schnee schlagen und unter den Teig heben. Ein Backblech einfetten, den Teig darauf verteilen. Im vorgeheizten Backofen etwa 20 Minuten backen. Inzwischen die Creme zubereiten.

3 Das Puddingpulver mit dem Zucker in etwas kalter Milch glatt rühren. Die restliche Milch erhitzen, das angerührte Puddingpulver einrühren. Kurz aufkochen lassen. Vom Herd nehmen und auskühlen lassen.

4 Die Butter schaumig rühren, den Pudding löffelweise einrühren. Auf dem Kuchenboden verteilen. Die Kekse kurz in Weinbrand tauchen und lückenlos auf der Buttercreme anordnen.

5 Für den Guss den Puderzucker mit dem Kakao vermischen, die Eier und das zerlassene, ausgekühlte Kokosfett einrühren, sodass eine dickflüssige Masse entsteht. Den Kuchen mit dem Guss überziehen. Kalt stellen.

Lukullus

250 g Kokosfett
250 g Puderzucker
4 EL Kakao
3 Eier
250 g Hansakekse oder andere rechteckige Tortenkekse

Für 1 Kastenform, 26 cm

1 Das Kokosfett erhitzen. Vom Herd nehmen und etwas auskühlen lassen. Den Puderzucker sieben und mit dem Kakao und den Eiern verrühren. Allmählich das Fett zugießen. Kastenform mit Papier auslegen.

2 Schichtweise die Schokoladenmasse und die Kekse in die Form geben. Mit der Schokoladenmasse beginnen, die letzte Schicht sollte aus Keksen bestehen. Kalt stellen. Sobald die Masse fest geworden ist, stürzen.

Prasselkuchen

Boden:

- 250 g Mehl
- 15 g frische Hefe
- 4 EL Zucker
- 100 ml lauwarme Milch
- 1 Prise Salz
- 80 g Butter
- 1 TL abgeriebene Zitronenschale
- 200 g Aprikosenkonfitüre

Streusel:

- 200 g Mehl
- 175 g Zucker
- 1 Päckchen Vanillezucker
- 1 Prise Zimt
- 150 g Butter

Guss:

- 150 g Puderzucker

Für 1 Backblech, ca. 45 x 35 cm *Siehe Foto Seite 139*

1 Das Mehl in eine Schüssel sieben, in die Mitte eine Vertiefung drücken. Die Hefe mit 1 Teelöffel Zucker in etwas lauwarmer Milch verquirlen und in die Vertiefung gießen. Etwas Mehl vom Rand einrühren und einen dickflüssigen Vorteig bereiten. Zugedeckt 20 Minuten an einem warmen Ort gehen lassen.

2 Salz, die Butter in Flöckchen, den restlichen Zucker und die Zitronenschale auf dem Mehlrand verteilen. Von der Mitte her die Zutaten kräftig durchkneten. Nochmals 30 Minuten gehen lassen.

3 Den Backofen auf 200 °C (Gas Stufe 3, Umluft 180 °C) vorheizen. Das Backblech einfetten. Den Teig zusammenstoßen, nochmals durchkneten, auf bemehlter Fläche ausrollen und auf das Backblech geben. Einen Rand hochziehen, den Teig mit einer Gabel mehrmals einstechen. Die Aprikosenkonfitüre leicht erwärmen, durch ein Sieb geben und auf den Teig streichen.

4 Für die Streusel Mehl, Zucker, Vanillezucker und Zimt vermischen. Die Butter in Flöckchen dazugeben. Mit den Händen oder mit zwei Gabeln zu Streuseln verarbeiten und auf die Aprikosenkonfitüre streuen. Im vorgeheizten Backofen etwa 25 Minuten backen.

5 Für den Guss den Puderzucker mit 2 Esslöffeln Wasser verrühren. Den fertigen Kuchen herausnehmen und sofort mit der Glasur überziehen.

VON SCHREI- UND FLÜSTERSTOLLEN

Weihnachten ohne Christstollen? Undenkbar! Von »Schreistollen« spricht man, wenn an Rosinen gespart wurde, weil dann die wenigen im Teig versteckten sich untereinander nur schreiend verständigen können. »Flüsterstollen« hingegen heißen diejenigen, wo die Rosinen sich dicht an dicht im Teig zeigen.

Zwetschgenkuchen mit Leinöl

Für 1 Backblech, 45 x 35 cm

- 400 g Mehl
- 20 g frische Hefe
- 225 g Zucker
- 200 ml Milch
- 100 g Butter
- 1 Ei
- 1 Prise Salz
- 1,5 kg Zwetschgen
- 100 ml Leinöl

1 Das Mehl in eine Schüssel sieben, in die Mitte eine Vertiefung drücken. Hefe mit 1 Teelöffel Zucker in etwas lauwarmer Milch verquirlen, in die Vertiefung gießen, etwas Mehl darübergeben und zu einem Vorteig rühren. Zugedeckt an einem warmen Ort 20 Minuten gehen lassen.

2 Auf dem Mehlrand 125 Gramm Zucker, die Butter in Flöckchen, Ei und Salz verteilen. Von der Mitte her die Zutaten zu einem geschmeidigen Teig verkneten, dabei die restliche Milch zugeben. Zugedeckt 30 Minuten gehen lassen.

3 Backofen auf 200 °C (Gas Stufe 3, Umluft 180 °C) vorheizen. Zwetschgen waschen, entsteinen. Teig durchkneten, auf bemehlter Fläche ausrollen. Backblech einfetten, Teig auflegen, mit Zwetschgen belegen. Leinöl darüberträufeln.

4 Etwa 35 Minuten backen. Herausnehmen und sofort mit dem restlichen Zucker bestreuen.

Weihnachtsstollen nach Dresdner Art

Teig:
1,5 kg Sultaninen
250 g Korinthen
¼ l Rum
2,5 kg Mehl
300 g frische Hefe
¾ l Milch
500 g Zucker
4 Päckchen Vanillezucker
1 EL abgeriebene Schale von unbehandelten Zitronen
35 g Salz
1,2 kg Butterschmalz
150 g Zitronat
150 g Orangeat
10 gehackte bittere Mandeln
300 g gehackte süße Mandeln
Glasur:
250 g Butter
80 g Zucker
250 g Puderzucker

Für 2–3 Stollen

1 Am Vorabend des Backtages die verlesenen, gewaschenen Sultaninen und Korinthen mit Rum begießen und zugedeckt ziehen lassen. Die übrigen Zutaten in einen warmen Raum bringen.

2 Am Backtag das Mehl auf ein Backbrett sieben, in die Mitte eine Vertiefung drücken. Die Hefe mit etwas lauwarmer Milch verquirlen und in die Vertiefung gießen. Etwas Mehl darübergeben und verrühren. Den Vorteig zugedeckt 60 Minuten gehen lassen.

3 Den Zucker, den Vanillezucker, die Zitronenschale, das Salz, weiches Butterschmalz, in kleine Würfel geschnittenes Zitronat und Orangeat, die Mandeln und die restliche Milch zugeben und alles gut miteinander verkneten. Den Teig zugedeckt etwa 60 Minuten gehen lassen.

4 Den Teig zusammenstoßen, gut durchkneten, in zwei bis drei Stücke teilen. Die Teigstücke zu länglichen Broten formen, der Länge nach einkerben und einzeln auf ein eingefettetes, leicht bemehltes Backblech legen. Nochmals 30 Minuten gehen lassen. Den Backofen auf 200 °C (Gas Stufe 3, Umluft 180 °C) vorheizen.

5 Die Stollen nacheinander im vorgeheizten Backofen etwa 60 Minuten backen. Danach etwas auskühlen lassen, mit 125 Gramm zerlassener Butter bepinseln, mit Zucker bestreuen, mit 125 Gramm Puderzucker bestäuben. Mit der restlichen Butter und Puderzucker wiederholen.

Ruhezeit Die Stollen sollten mindestens eine Woche durchziehen, ehe sie angeschnitten werden. Es heißt also: Rechtzeitig mit der Adventsbäckerei beginnen!

DDR-Produkte

Etliche DDR-Produkte werden in Spezialgeschäften, in Supermärkten oder im Internet angeboten. Eine ziemlich komplette Auflistung der Produkthistorie finden Sie zum Beispiel bei Wikipedia unter: http://de.wikipedia.org/wiki/DDR-Produkte.

Eine Auswahl aus dem Bereich Essen & Trinken

- Bautzner Senf
- Brotaufstriche – Nudossi, Pflaumenmus, verschiedene Konfitüren
- Eierkuchenmehl
- Getränke – Club Cola, Vita Cola, Rotkäppchensekt, Schierker Feuerstein, Stichpimpulibockforcelorum (Speziallikör), Fruchtweine
- Hülsenfrüchte – Tempo Erbsen, Tempo Linsen
- Kaffee – Mocca Fix, Mona, Rondo, Im Nu (Instant-Malzkaffee)
- Konserven – Halberstädter Würstchen, Schmalzfleisch, Soljanka, Fischsoljanka, Heringsfilet in Senf-, Tomaten-, Paprikasauce, Makrelenfilet
- Sauergemüse – Spreewälder Gewürz-, Senf-, Knoblauchgurken, Spreewälder Letscho, Rotkohl, Sauerkraut
- Süßigkeiten – Hallorenkugeln, Hansa Keks, Russisch Brot, Brockensplitter, Mokkabohnen, Rotstern Schokolade

Internet-Shops

www.kaufhalle-des-ostens.de
www.osthits.de
www.ossiladen.de
www.ostprodukte-versand.de

Über dieses Buch

Die Autorin

Oda Tietz ist studierte Germanistin und Journalistin. Seit über 20 Jahren liegt der Schwerpunkt ihrer Arbeit auf den Themen Essen und Trinken. Dabei sind zahlreiche höchst erfolgreiche Kochbücher entstanden. Oda Tietz lebt in Leipzig.

Bildnachweis

Alle Fotos: Karl Newedel, München außer: Uwe Bender/Stockfood (Seite 45); Wolfgang Feiler, Karlsruhe (Seite 127); Helga Florian, Weiden (Seite 11, 27, 31, 51, 56, 61, 67, 79, 82, 85, 94, 98, 125, 130, 133, 135); Barbara Lutterbeck, Köln (Seite 25); Kai Mewes (Seite 117); Ulrike Schmid, Alling (Seite 55, 111, 113)

Danksagung

Mein Dank gilt dem ehemaligen Direktor des Bördemuseums Burg Ummendorf, Herrn Nowak, und seiner Frau, dem Zentrum Harzer Folklore in Wernigerode, dem Museum für Thüringer Volkskunde in Erfurt, dem Folklorezentrum in Gera, den Mitarbeitern des Freilichtmuseums in Diesdorf und des Heimatmuseums Arendsee/Altmark, meiner Tochter Xenia, meinen Geschwistern Trutz, Annette und Ruth.

Haftungsausschluss

Rezepte vom Umschlag

Links oben: Seite 26
Rechts oben: Seite 66
Rechts unten: Seite 117
Links unten: Seite 45

Impressum

Weltbild Buchverlag
-Originalausgaben-

Steinerne Furt, 86167 Augsburg

Projektleitung: Gerald Fiebig
Redaktion: Claudia Krader
Umschlaggestaltung und Innenlayout: X-Design, München
Umschlagfotos: Helga Florian, Weiden, außer unten links (Uwe Bender/Stockfood) und unten rechts (Kai Mewes)
Layoutrealisation und Satz: avak Publikationsdesign, München
Reproduktion: Point of Media GmbH, Augsburg
Druck und Bindung: Firmengruppe APPL, aprinta druck, Wemding

Gedruckt auf chlorfrei gebleichtem Papier

Printed in the EU

ISBN 978-3-86800-104-4

2012 2011 2010 2009
Die letzte Jahreszahl gibt die aktuelle Ausgabe an.

Hinweis in eigener Sache

Unsere Rezepte werden von erfahrenen Autoren kreiert und erprobt. Wir freuen uns jedoch über Anregungen, Tipps oder Kritik und helfen bei Fragen gerne weiter. Bitte wenden Sie sich an: Weltbild Buchverlag, Steinerne Furt, 86167 Augsburg, oder schicken Sie uns eine E-Mail an: Gabriele.Beck@weltbild.com

ABKÜRZUNGEN

EL	Esslöffel
g	Gramm
kg	Kilogramm
l	Liter
ml	Milliliter
TL	Teelöffel

Rezepte von A bis Z